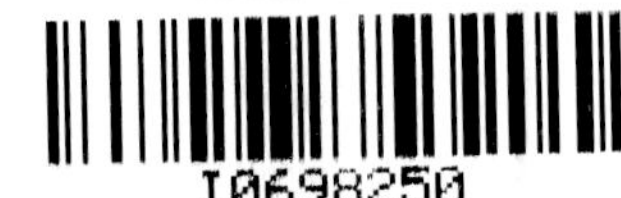

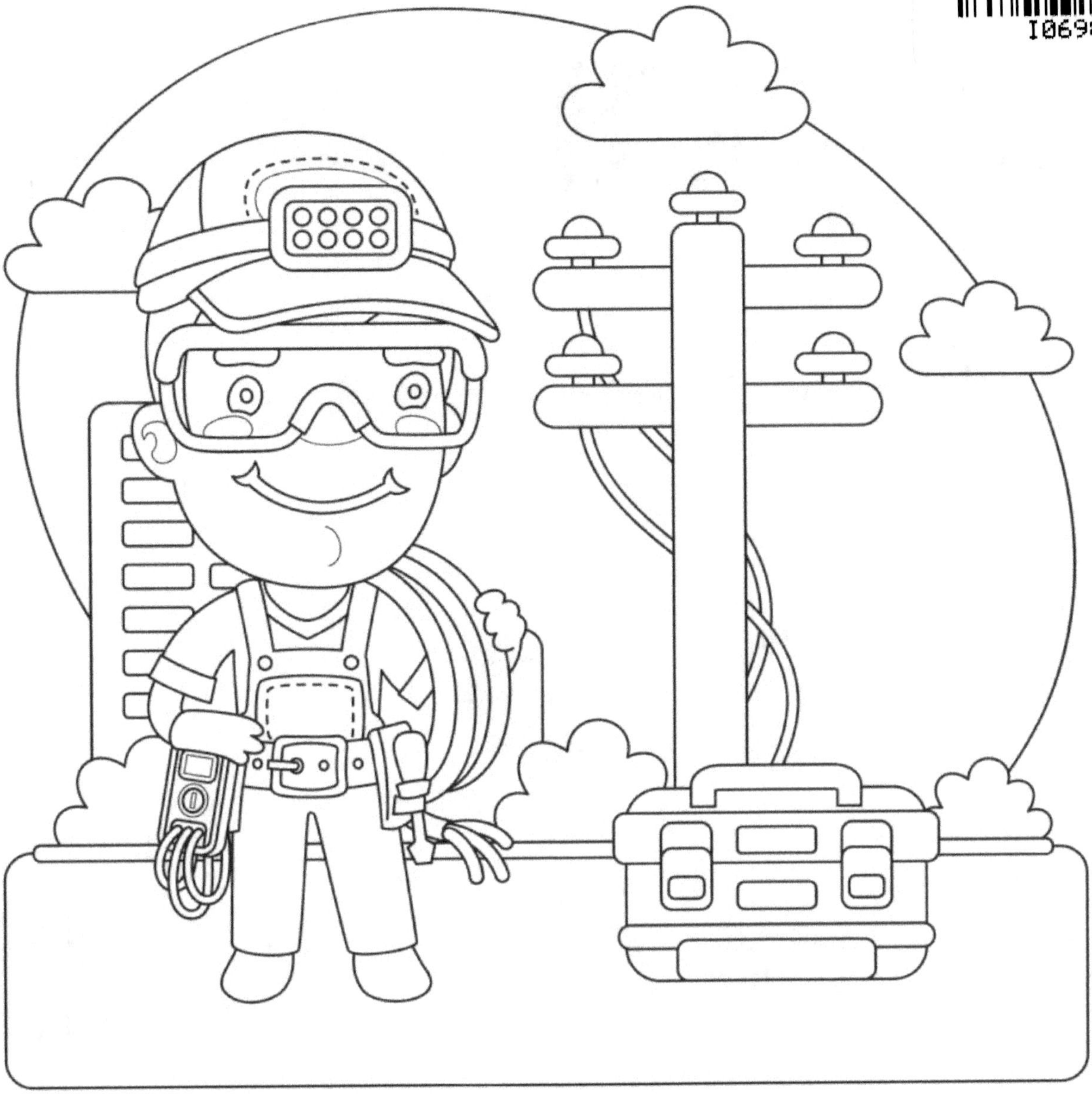

Dieses Buch gehört

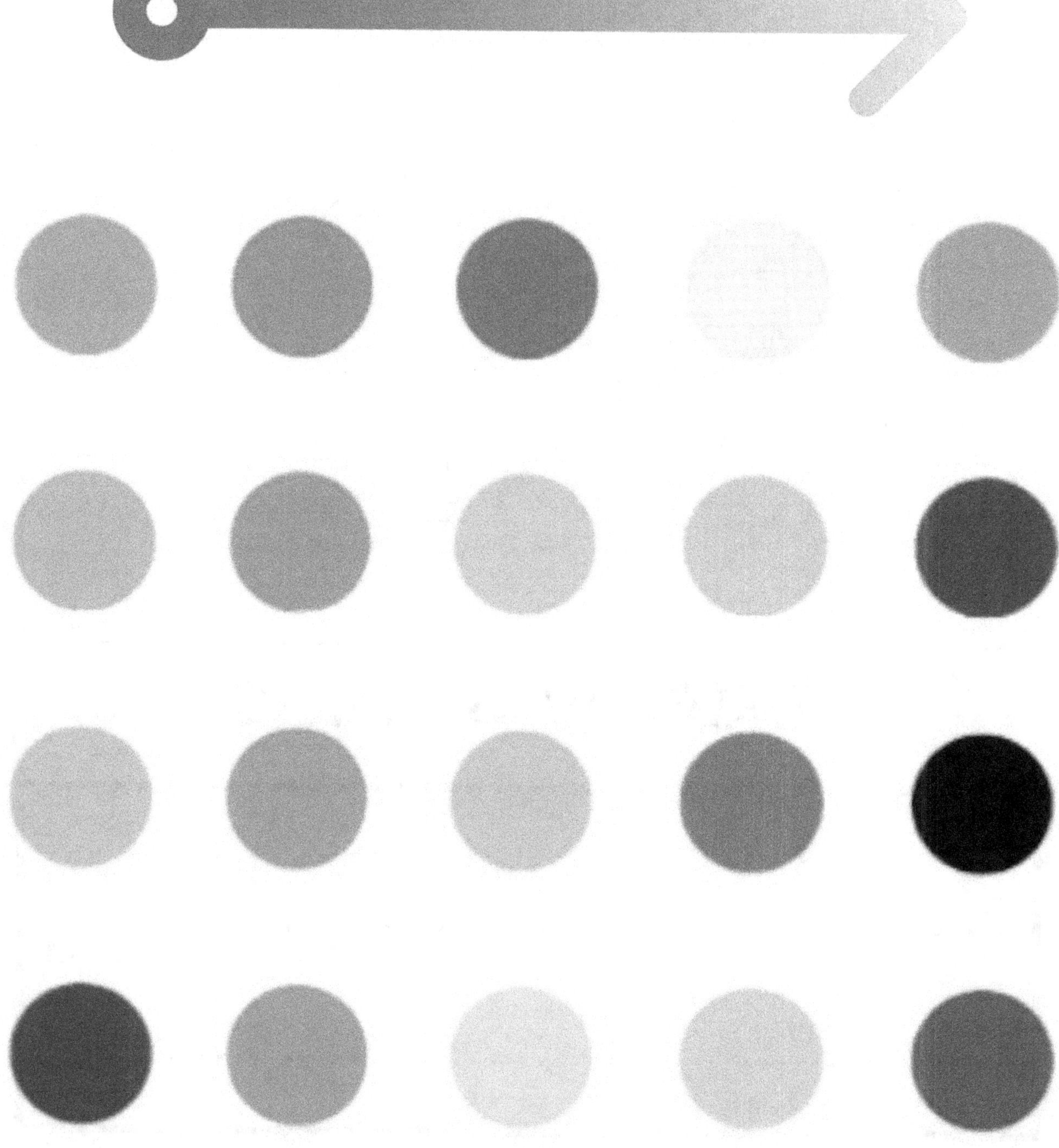
VORSCHAUSEITEN

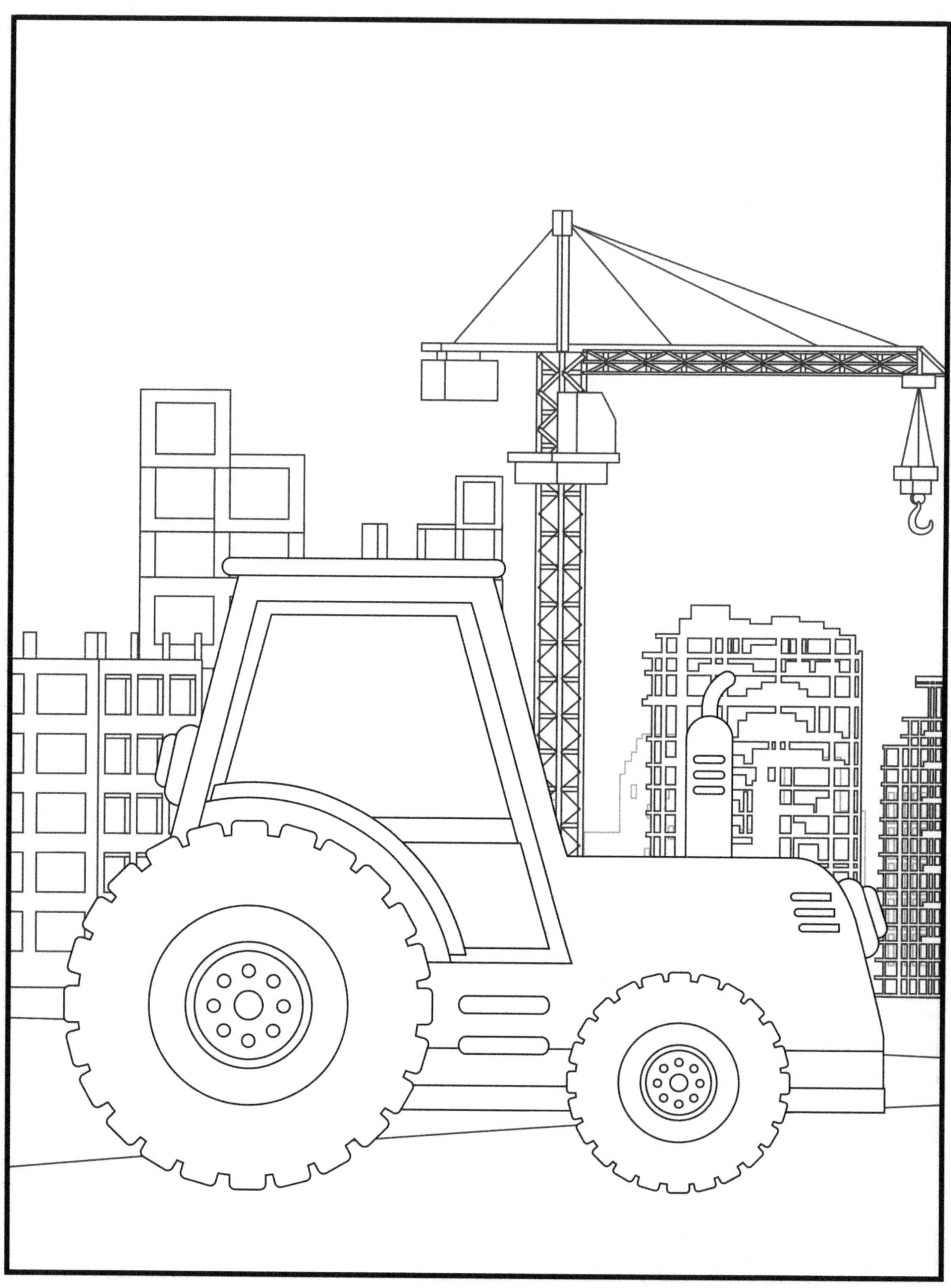

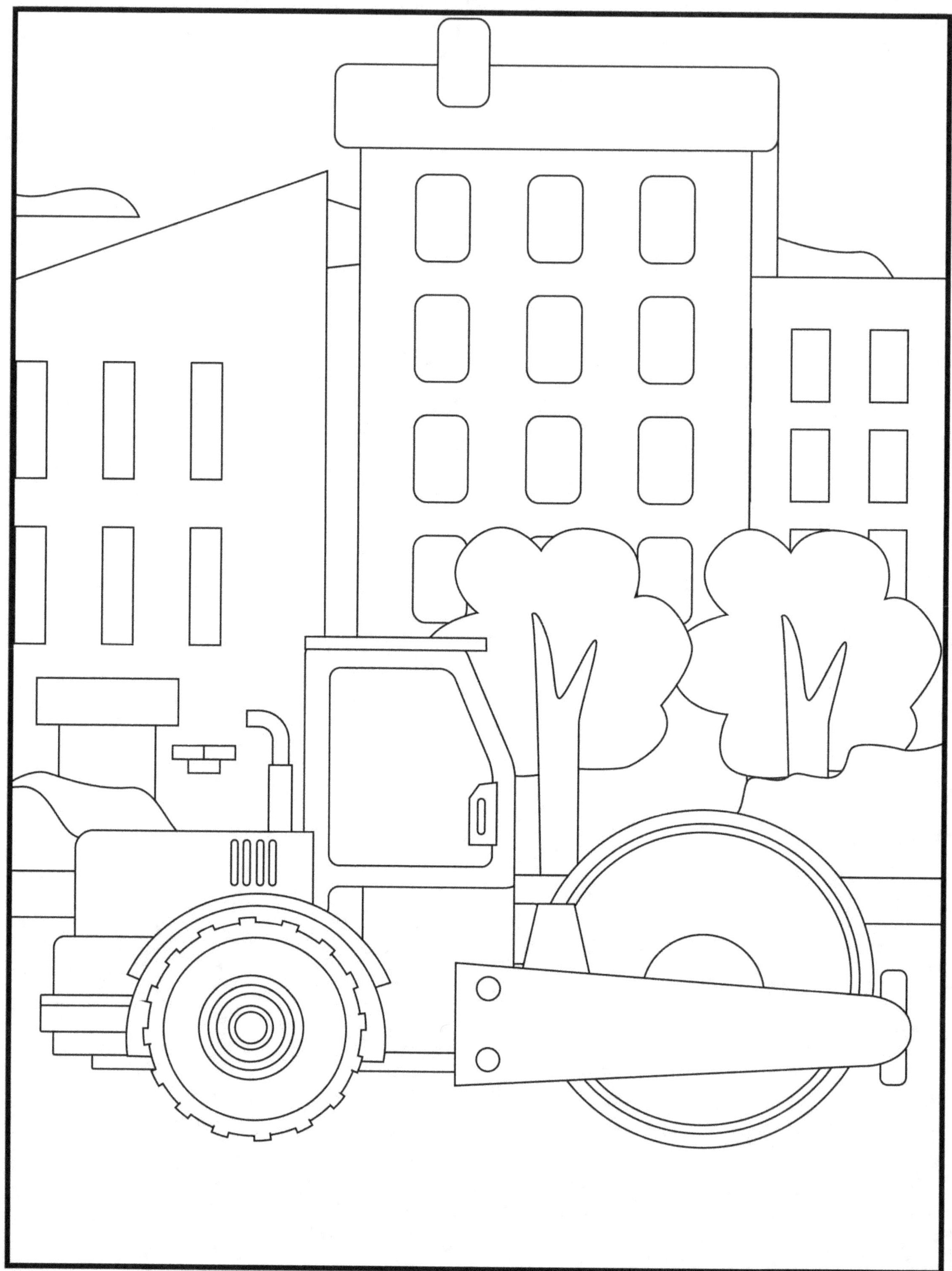

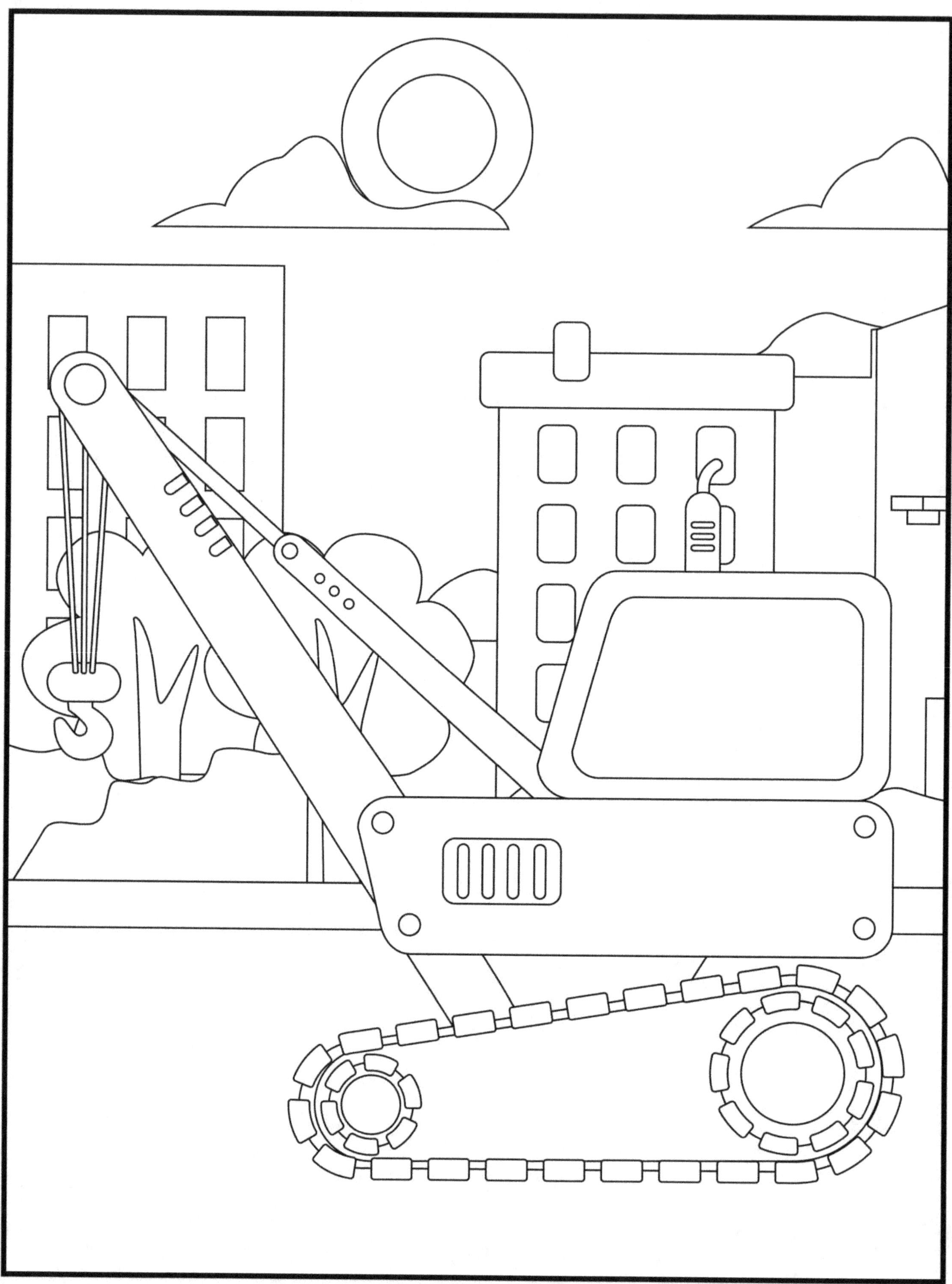

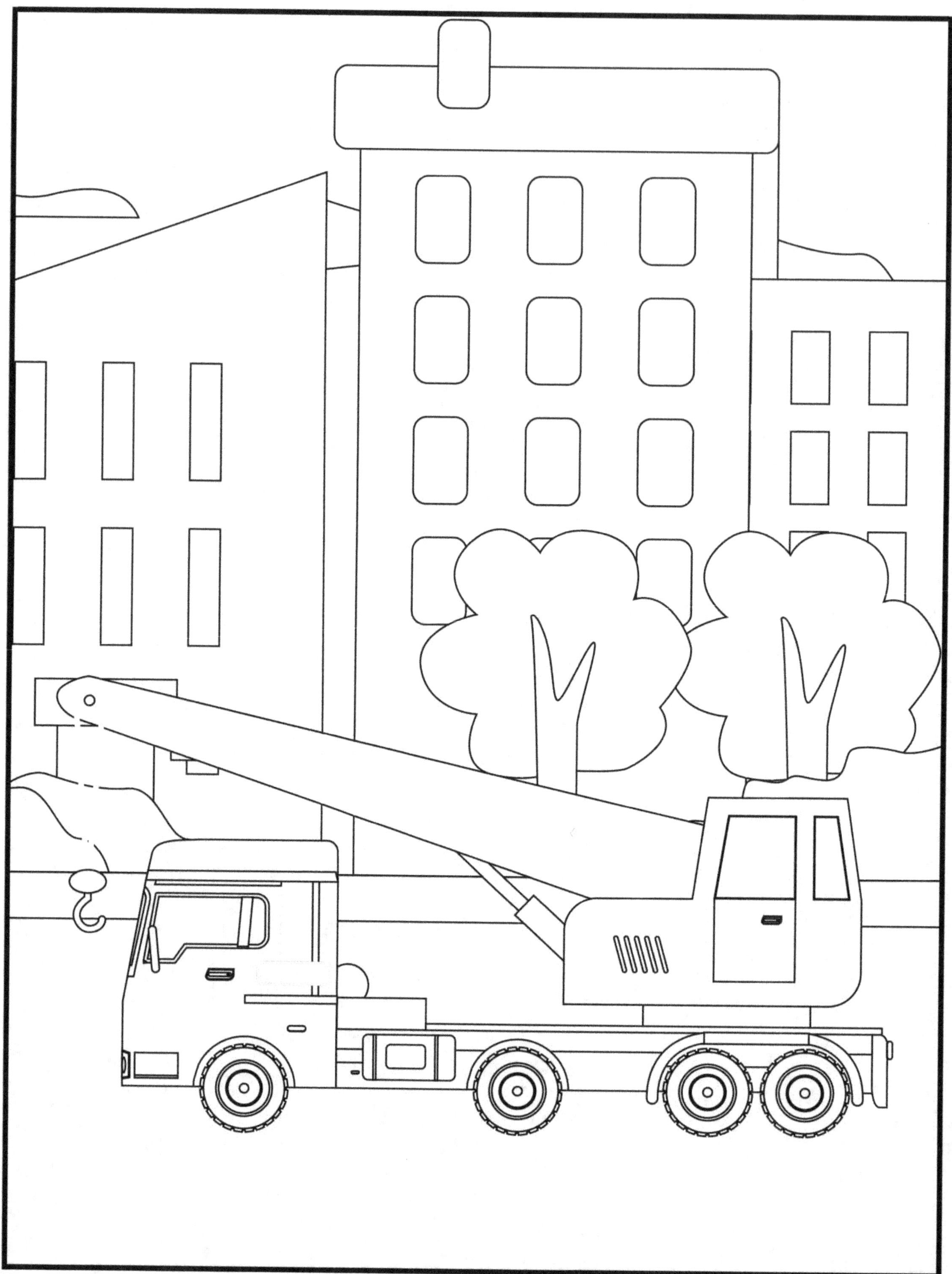

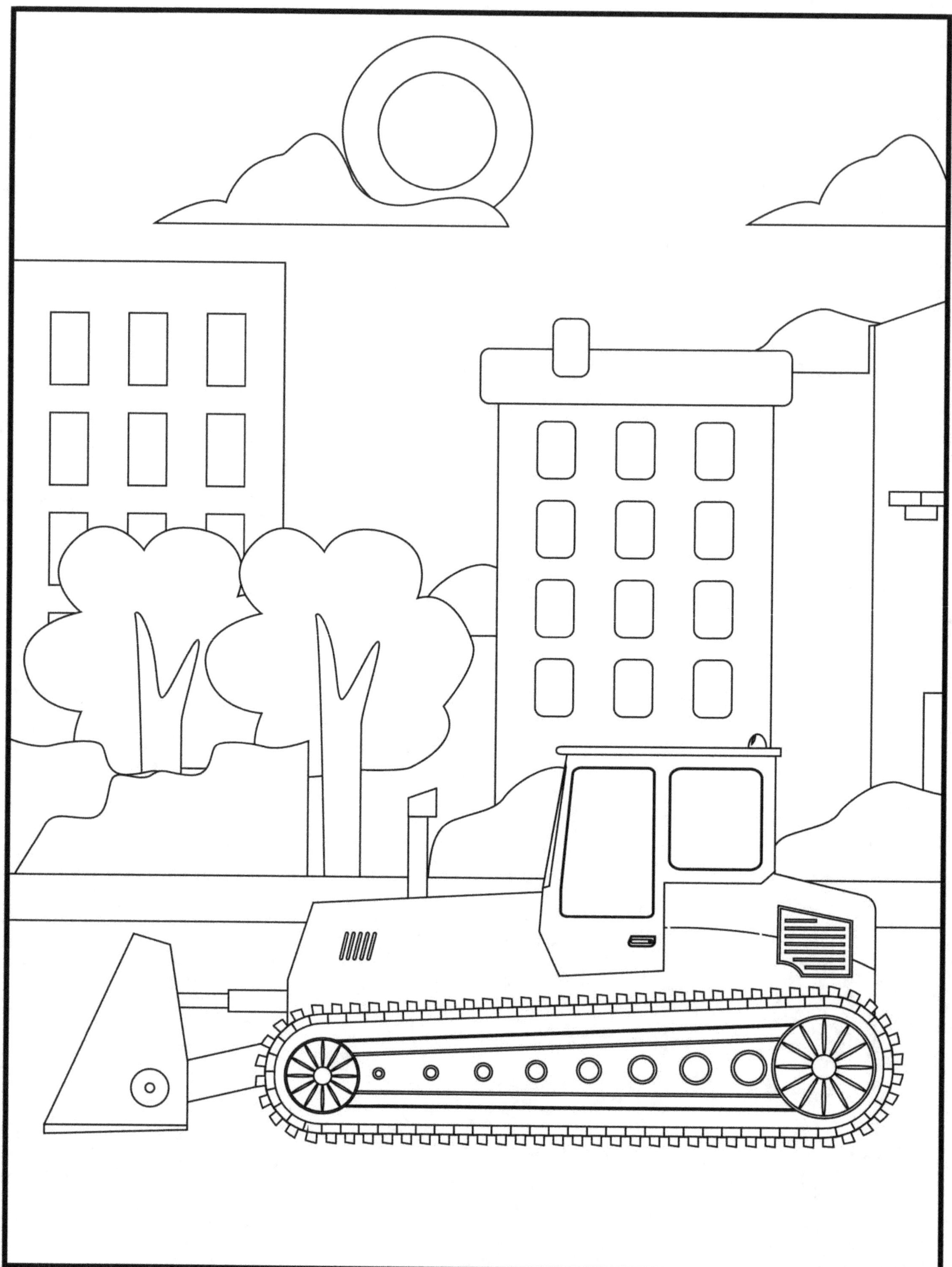

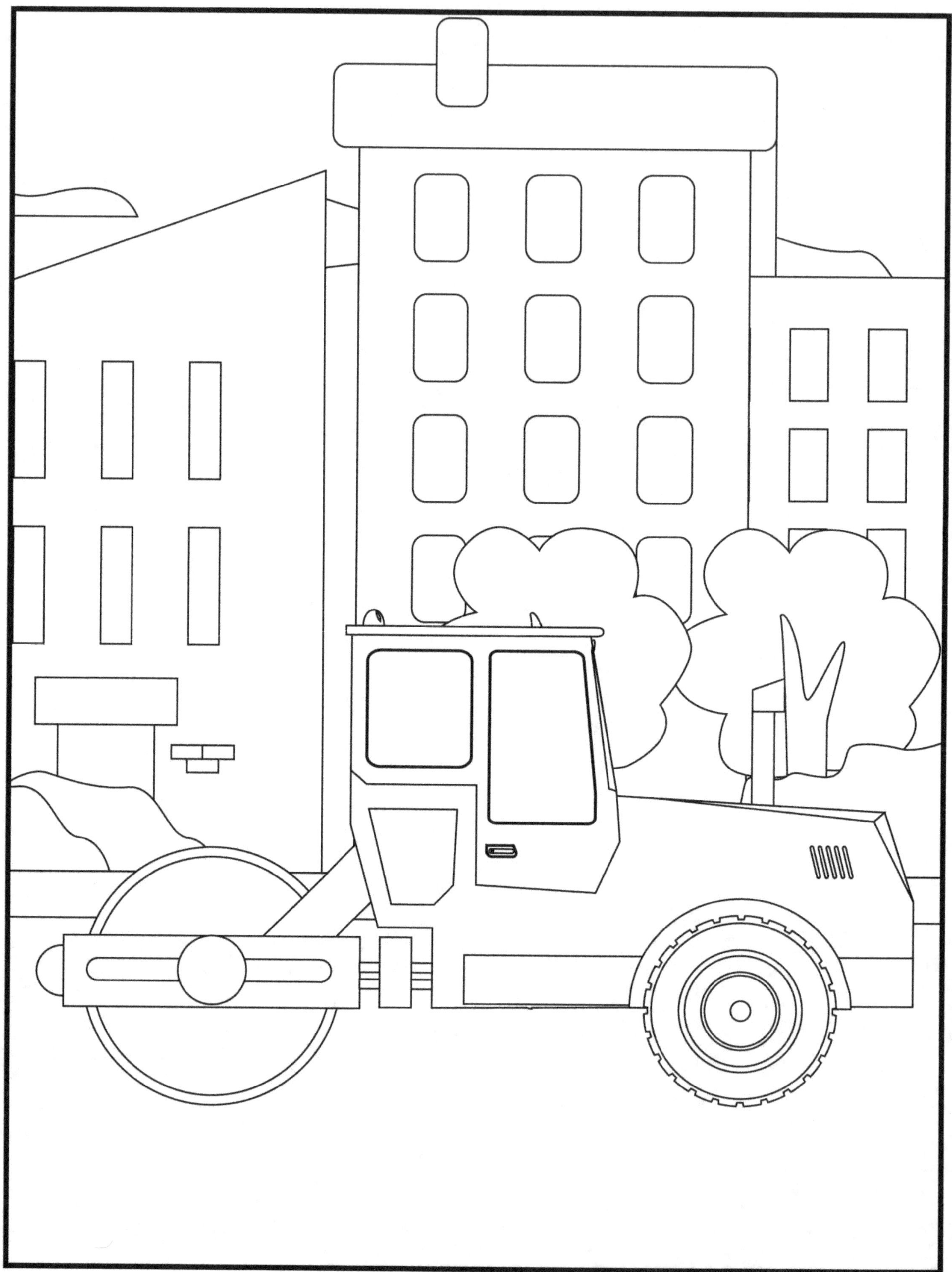

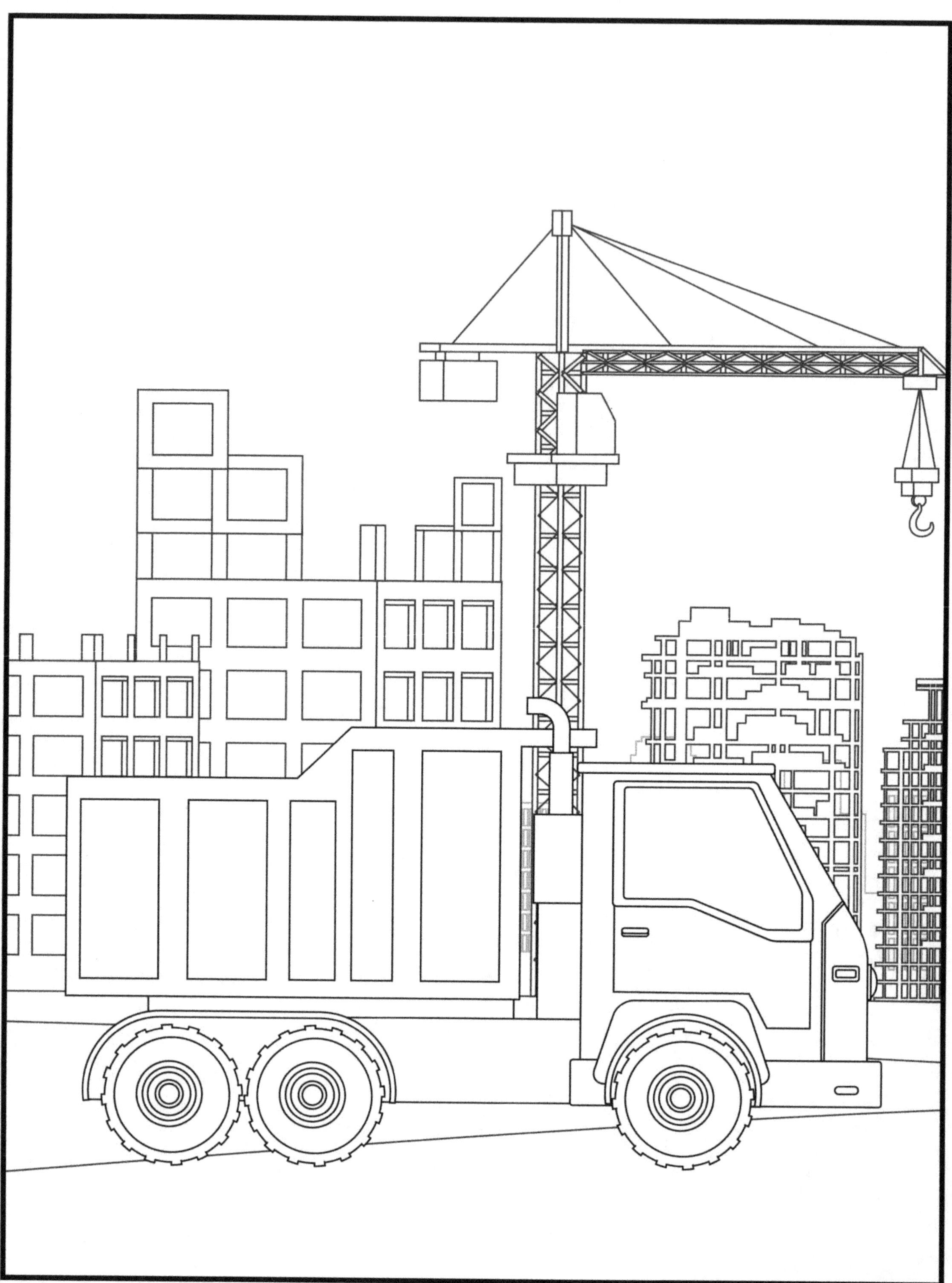

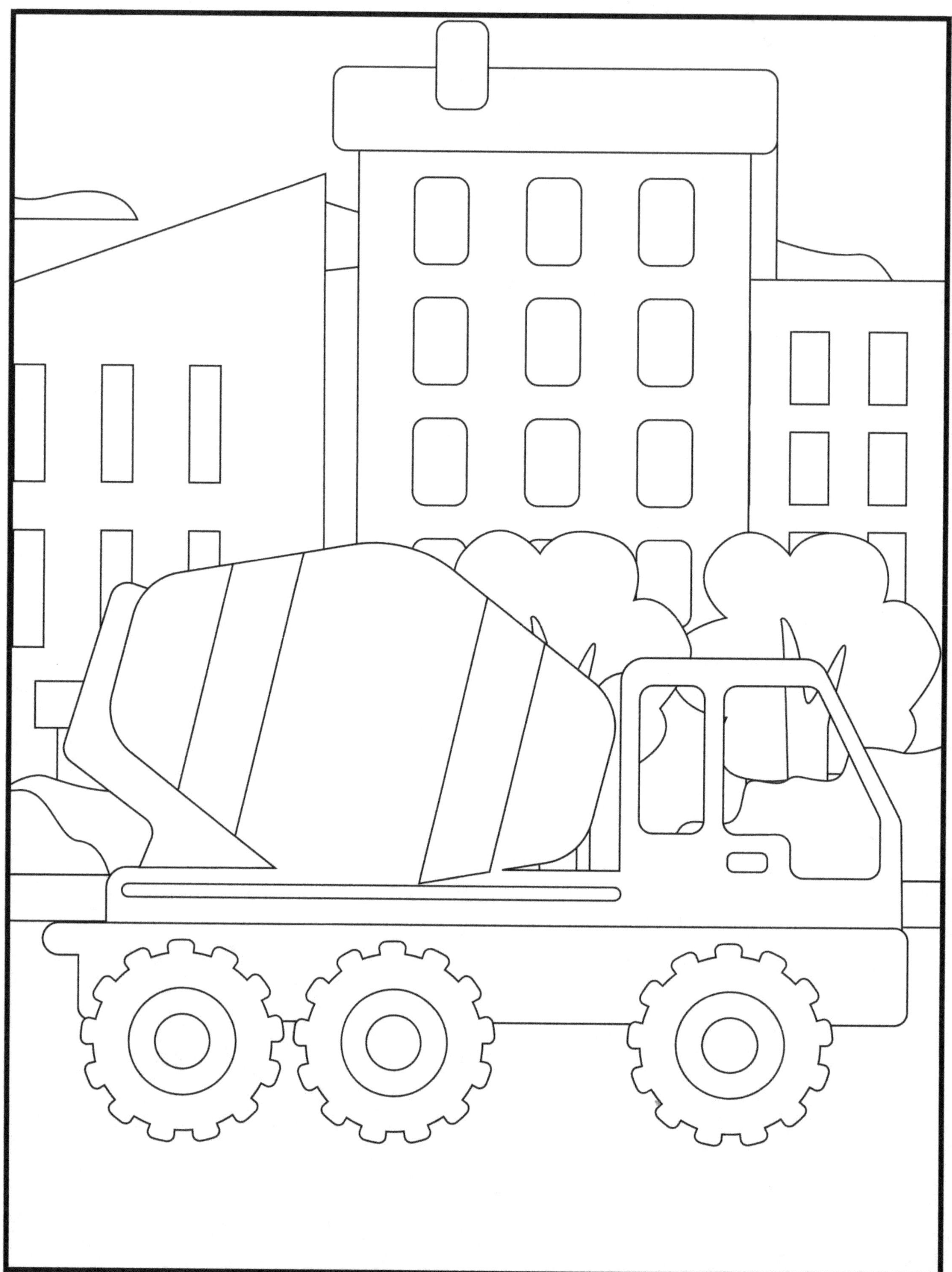

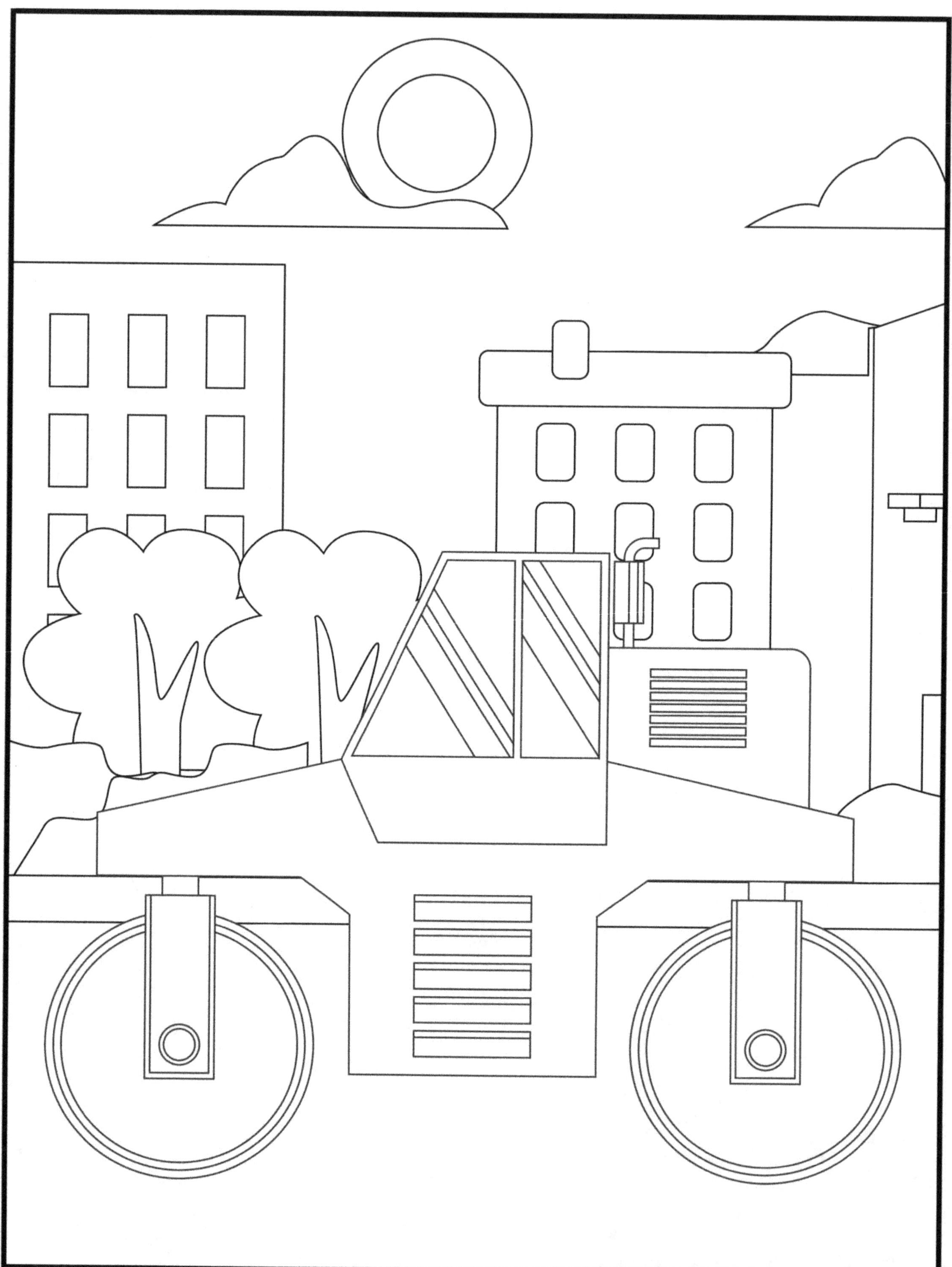

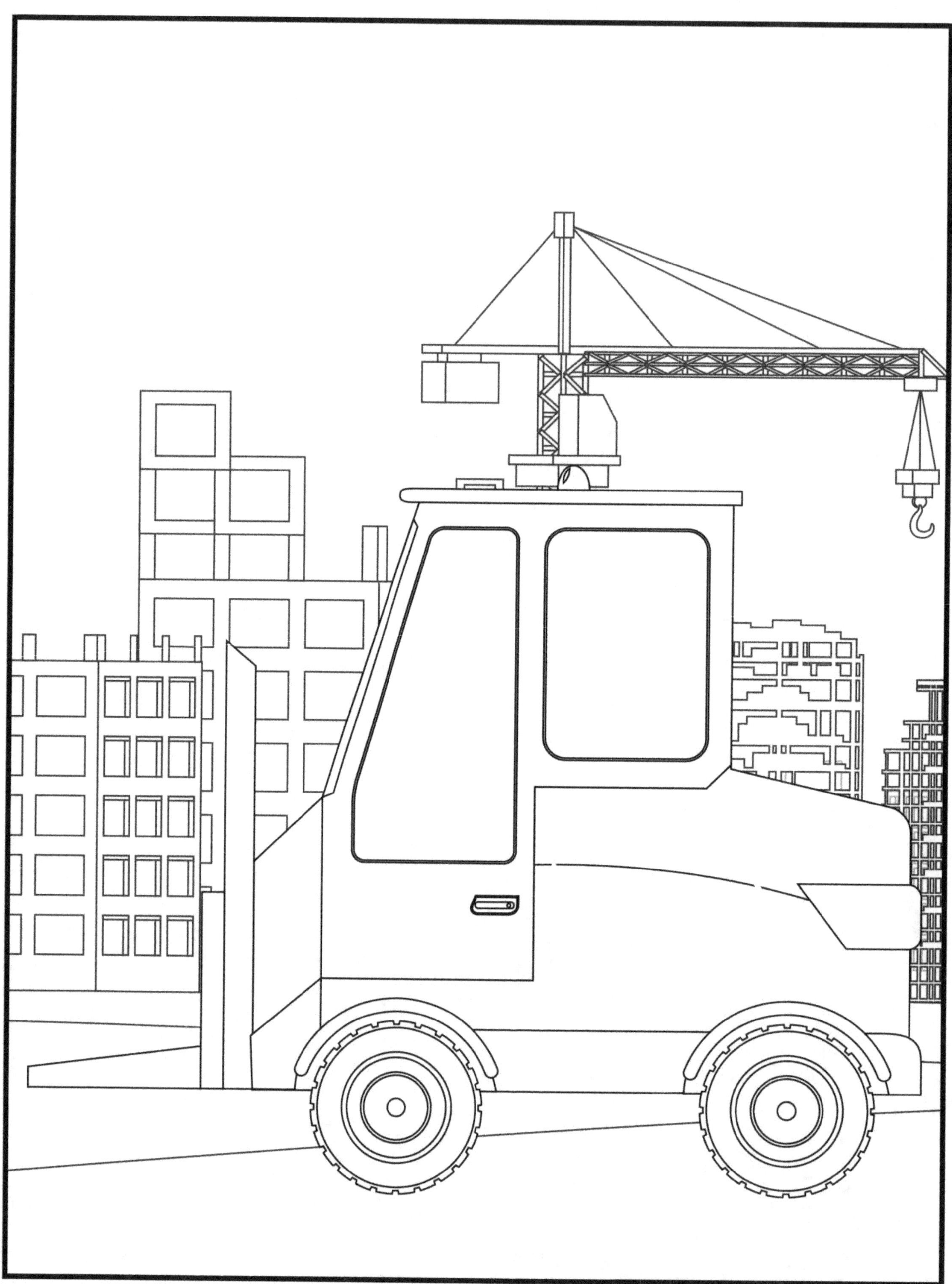

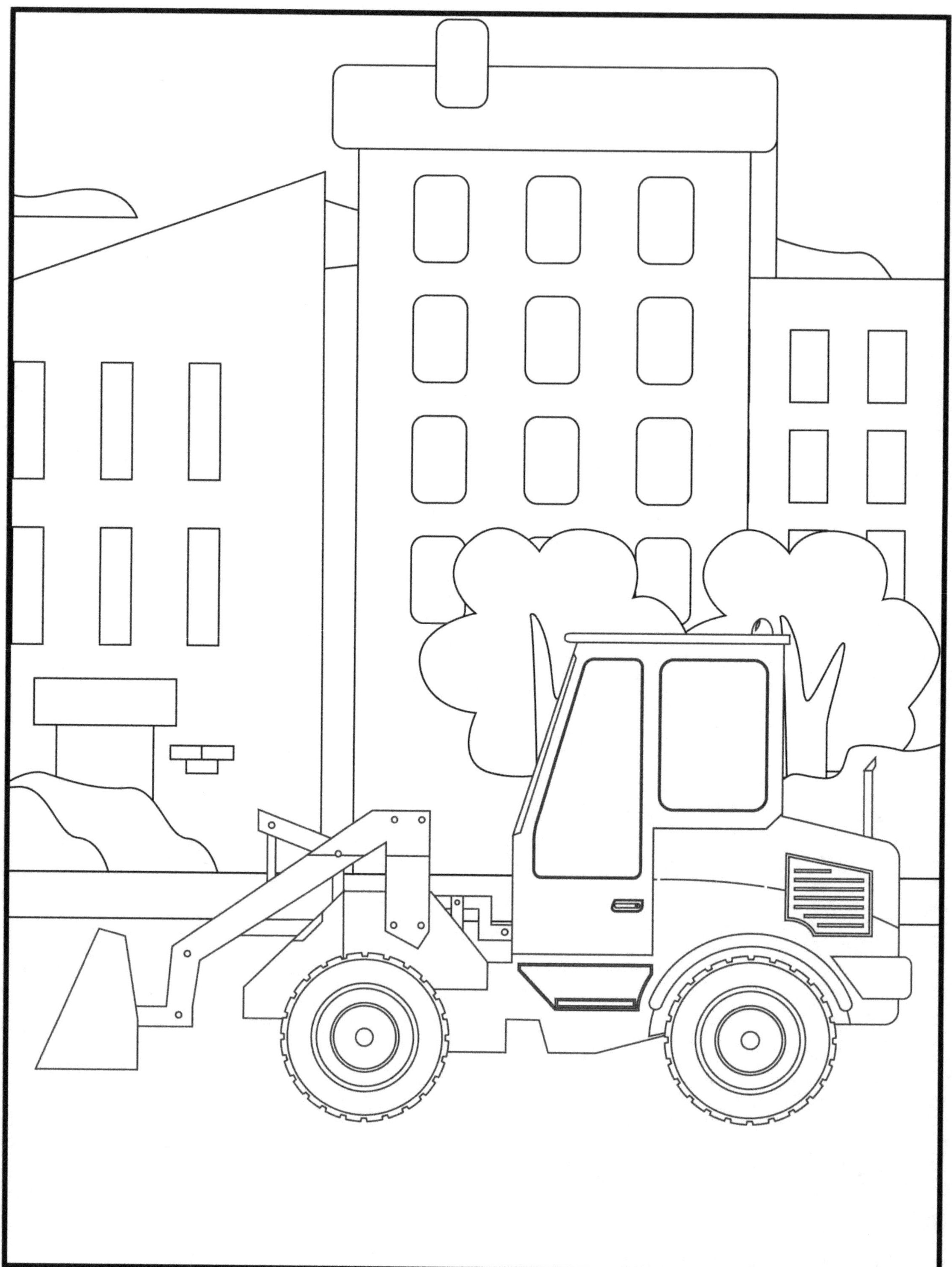

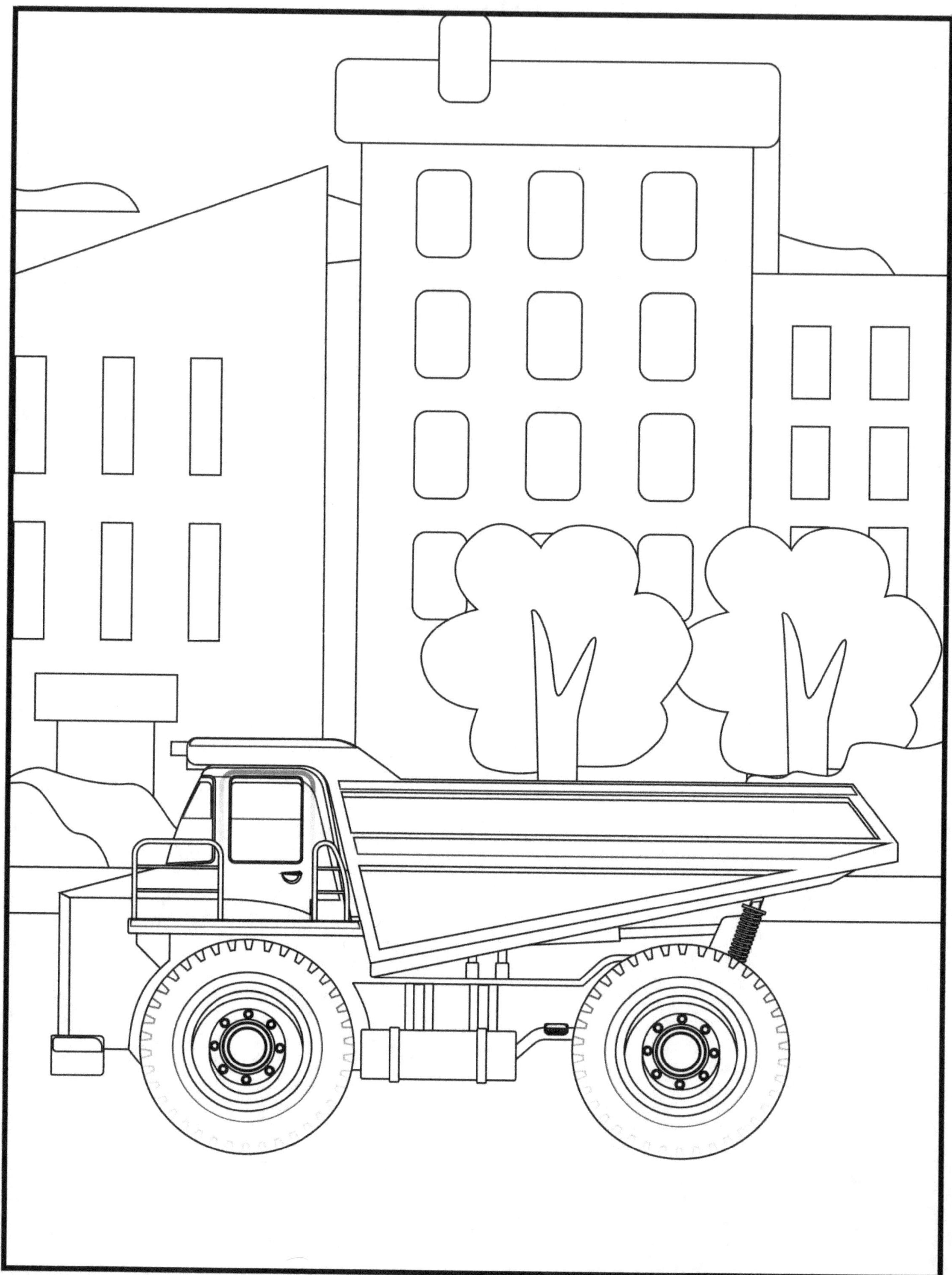

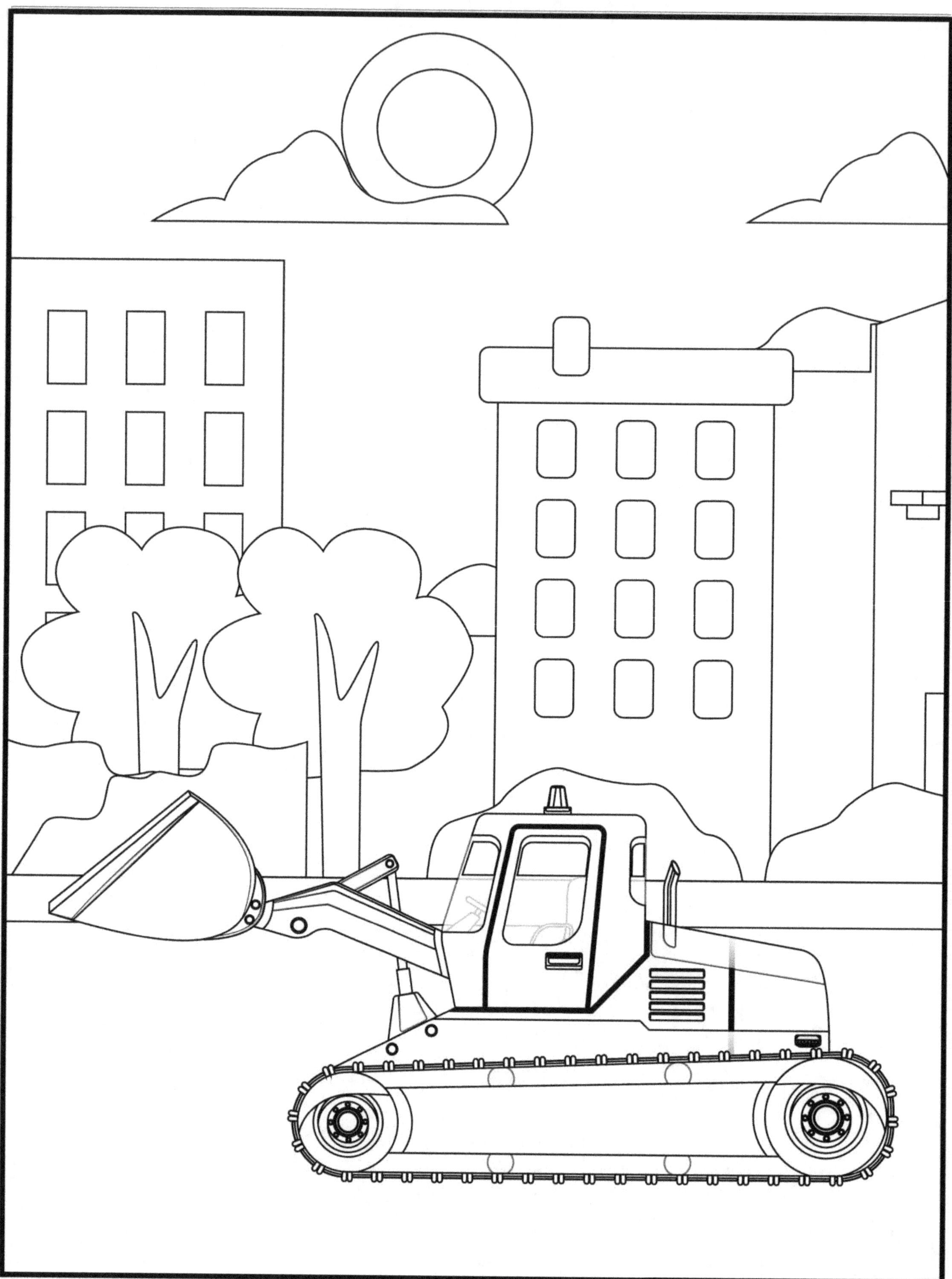

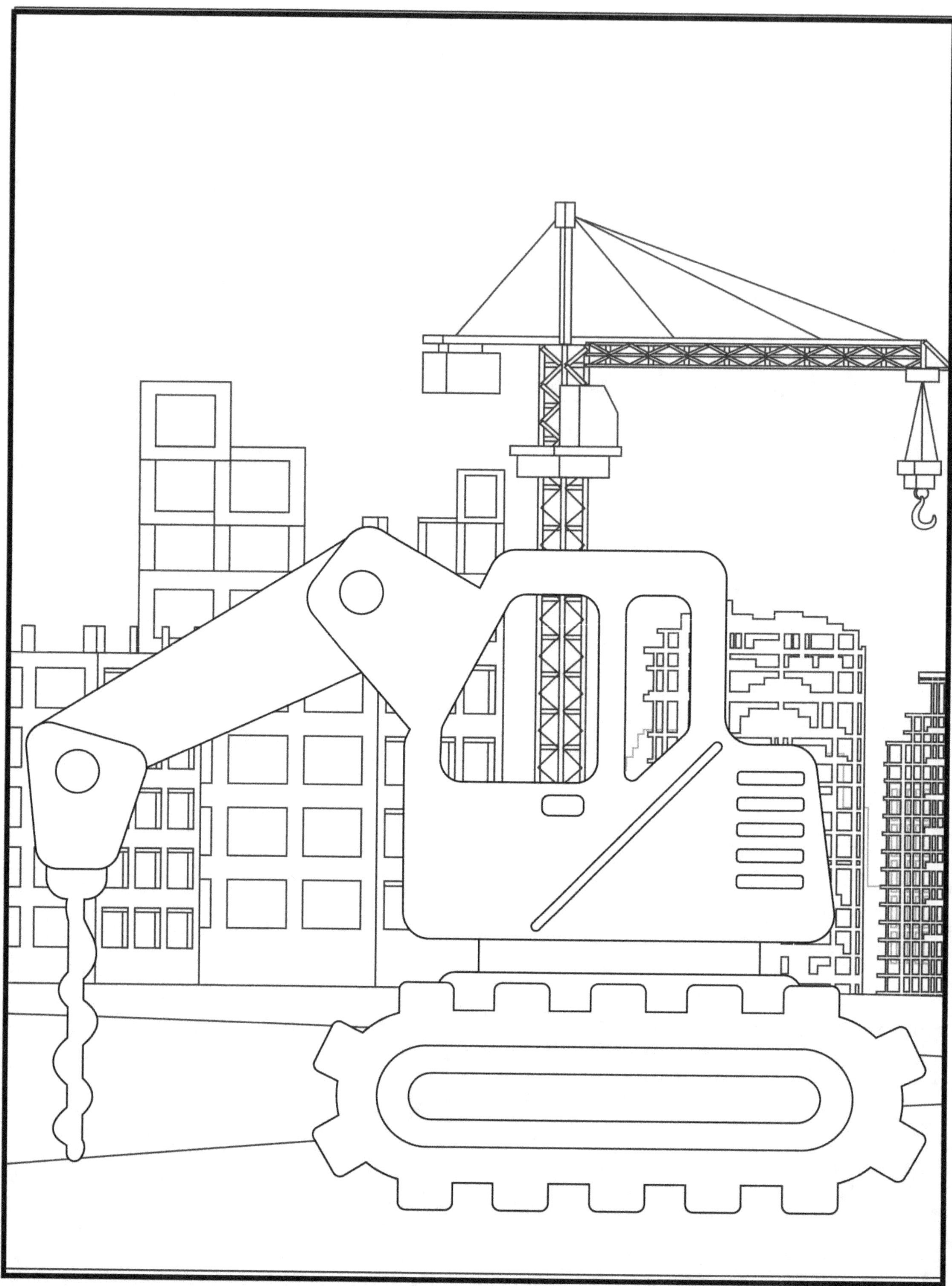

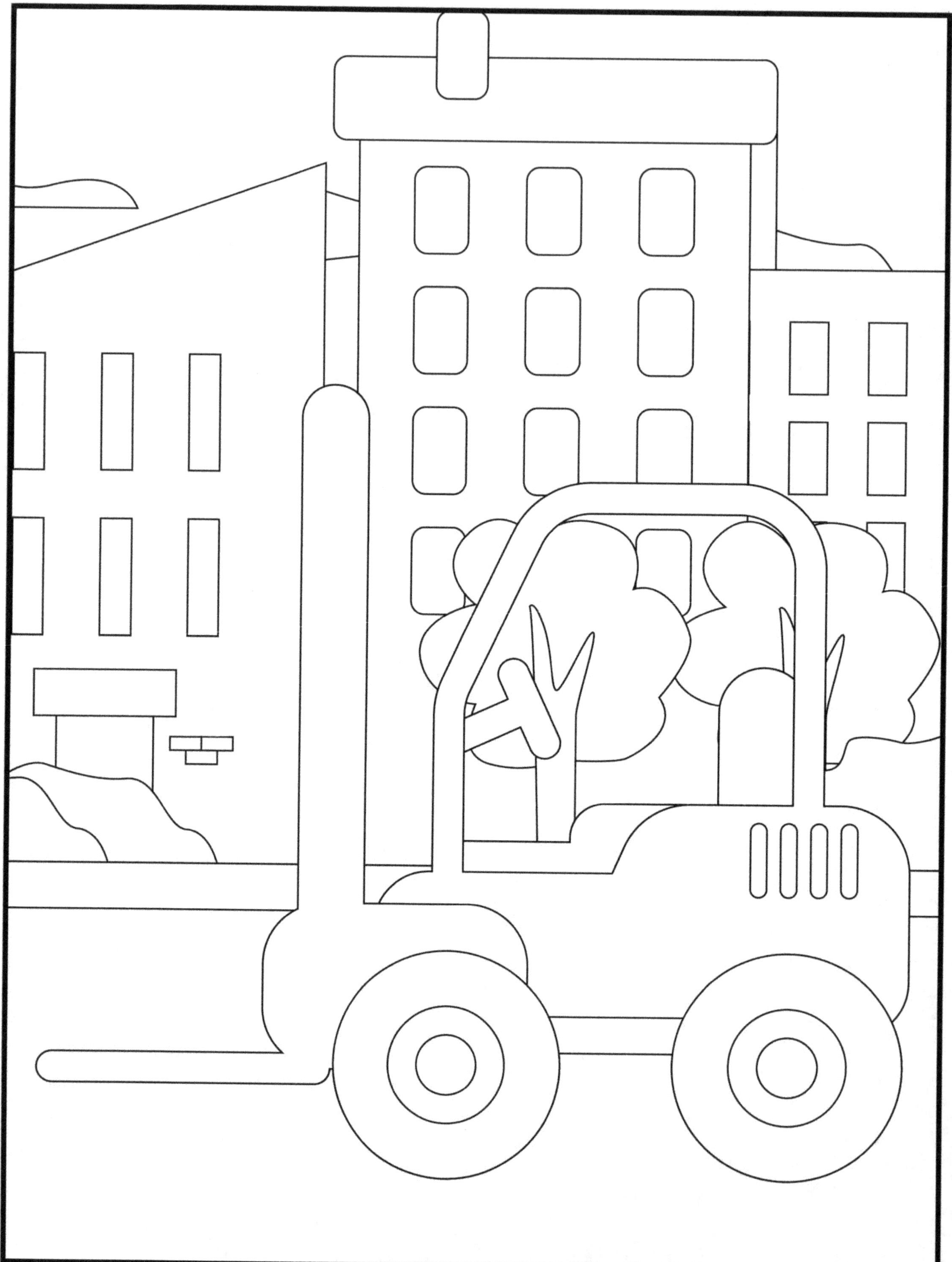

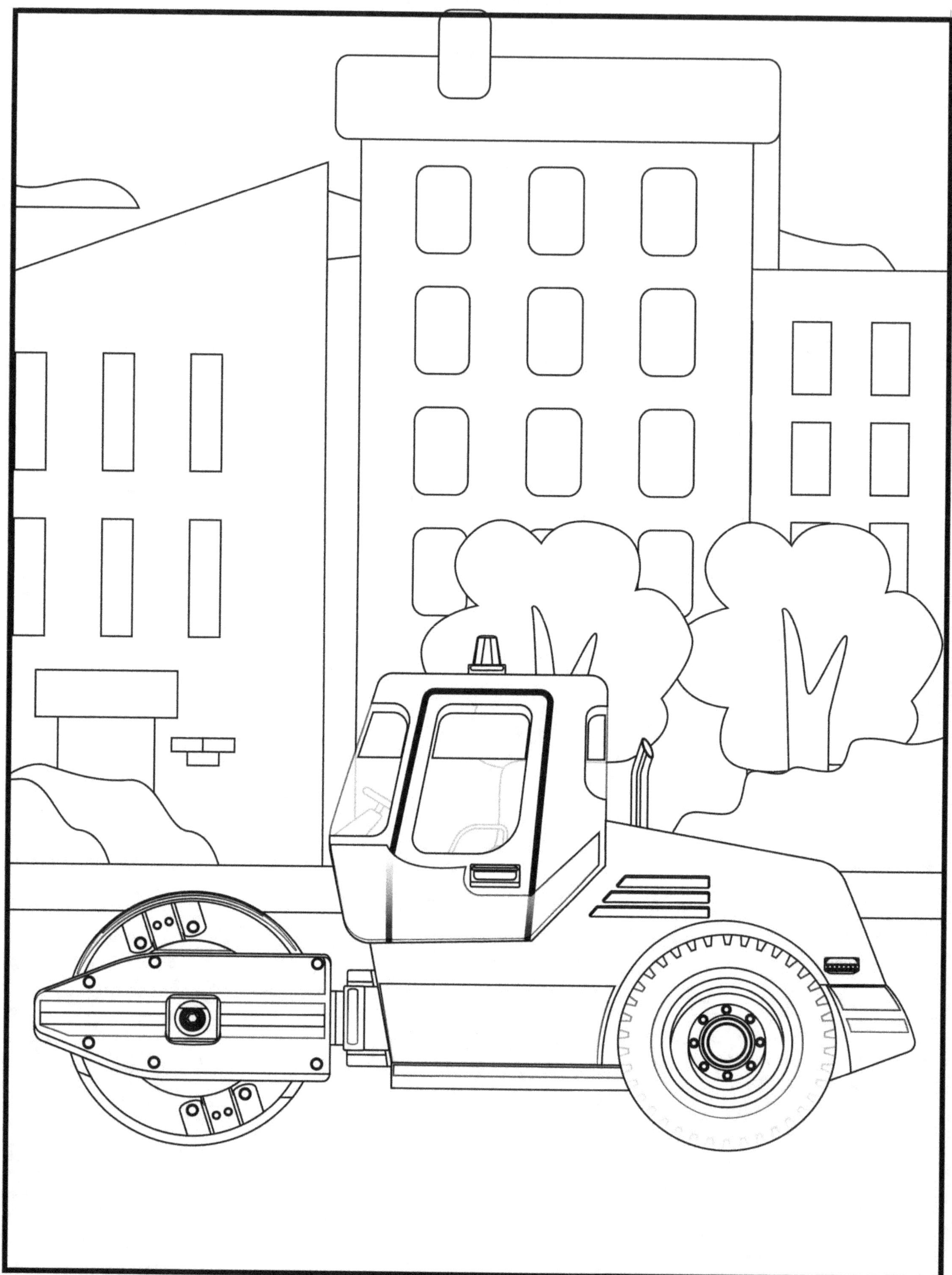

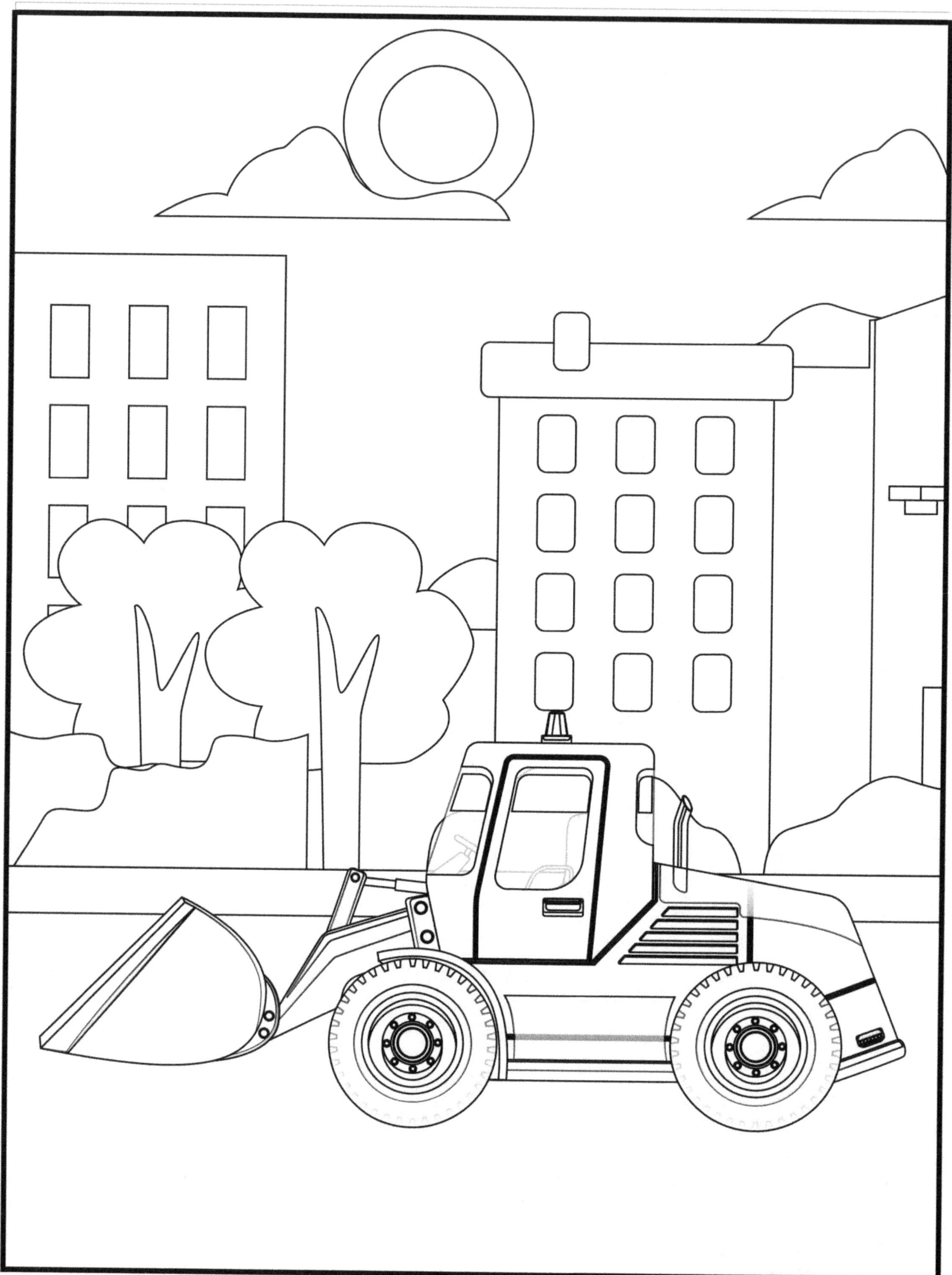

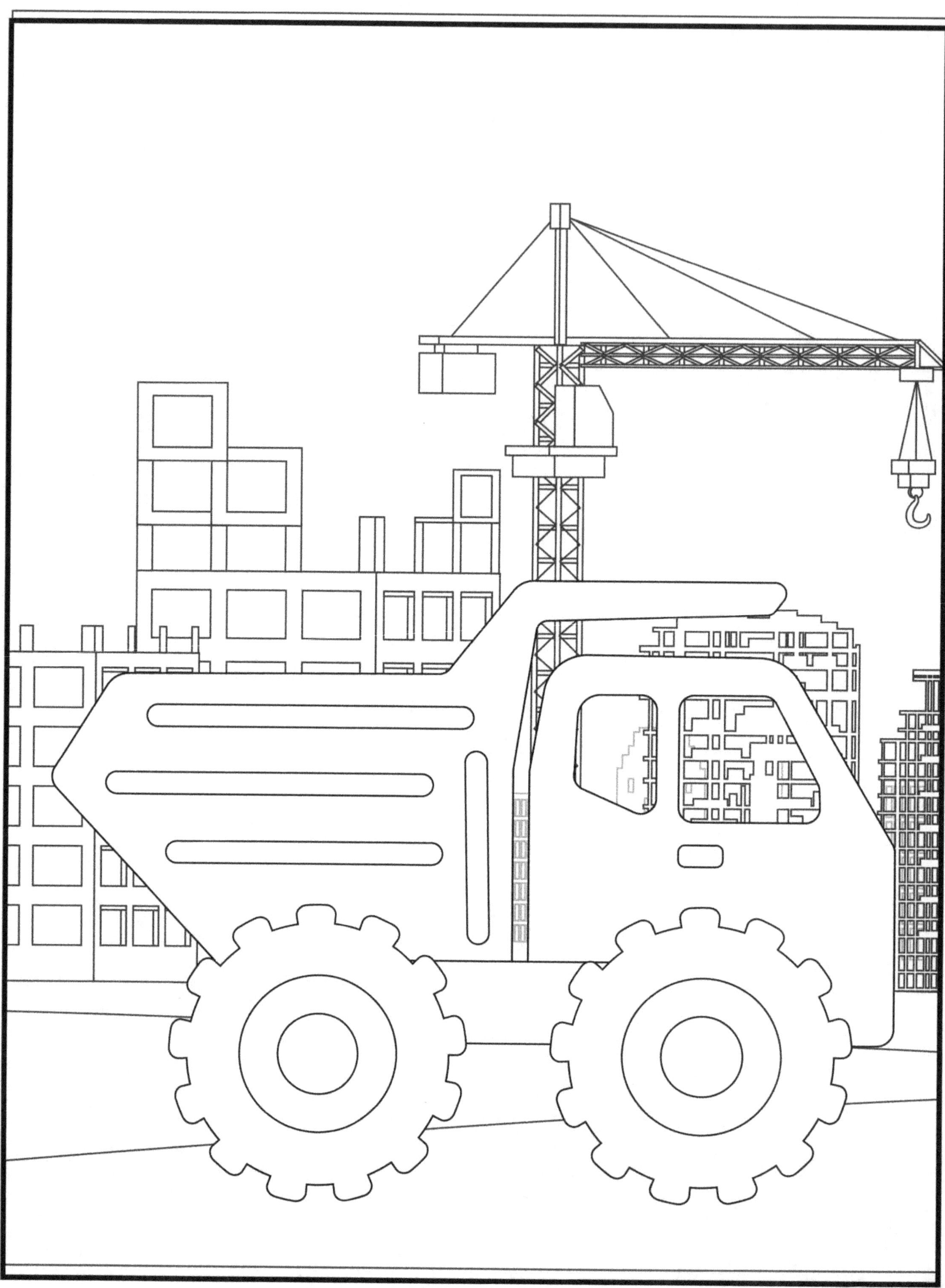

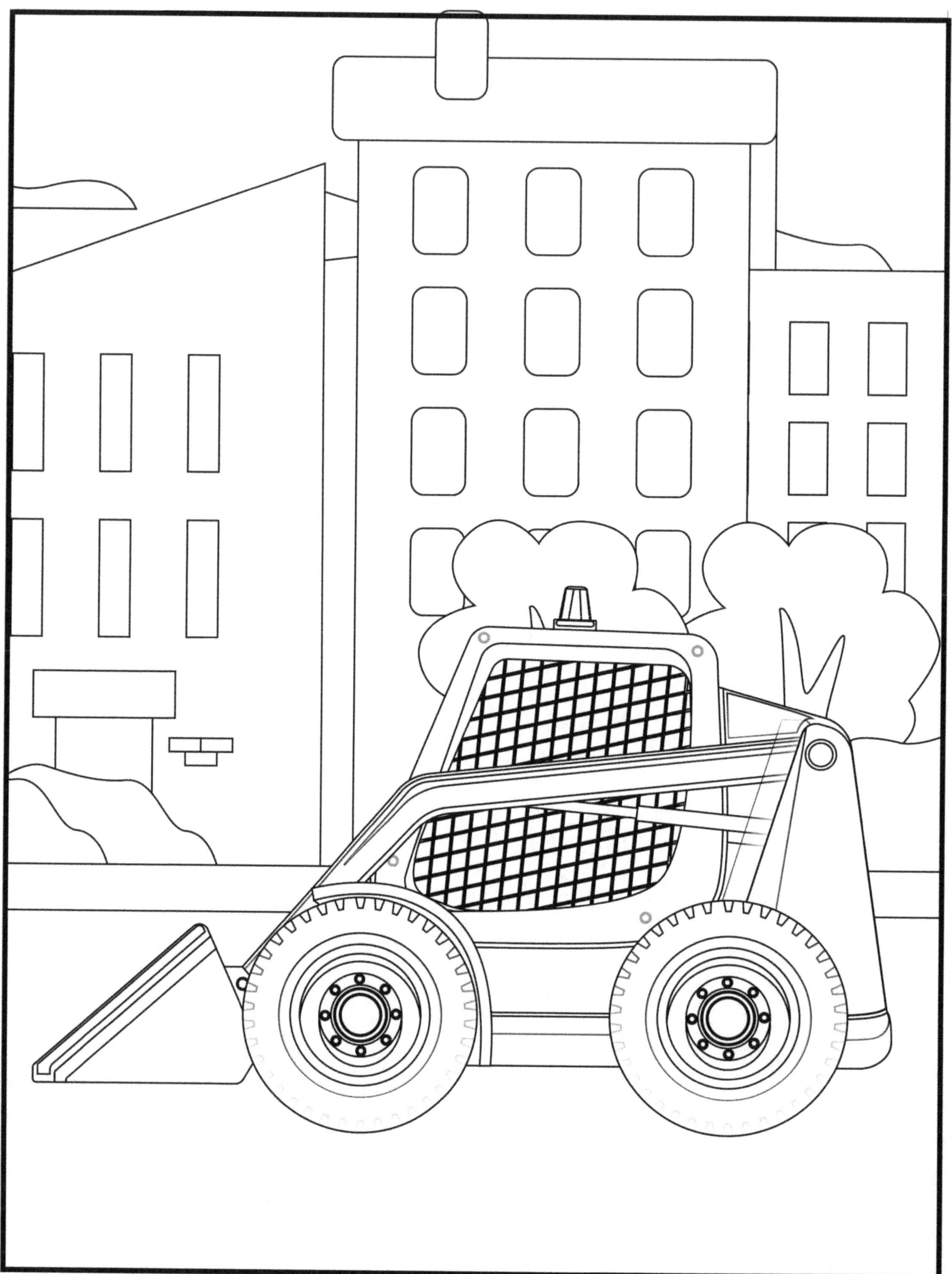

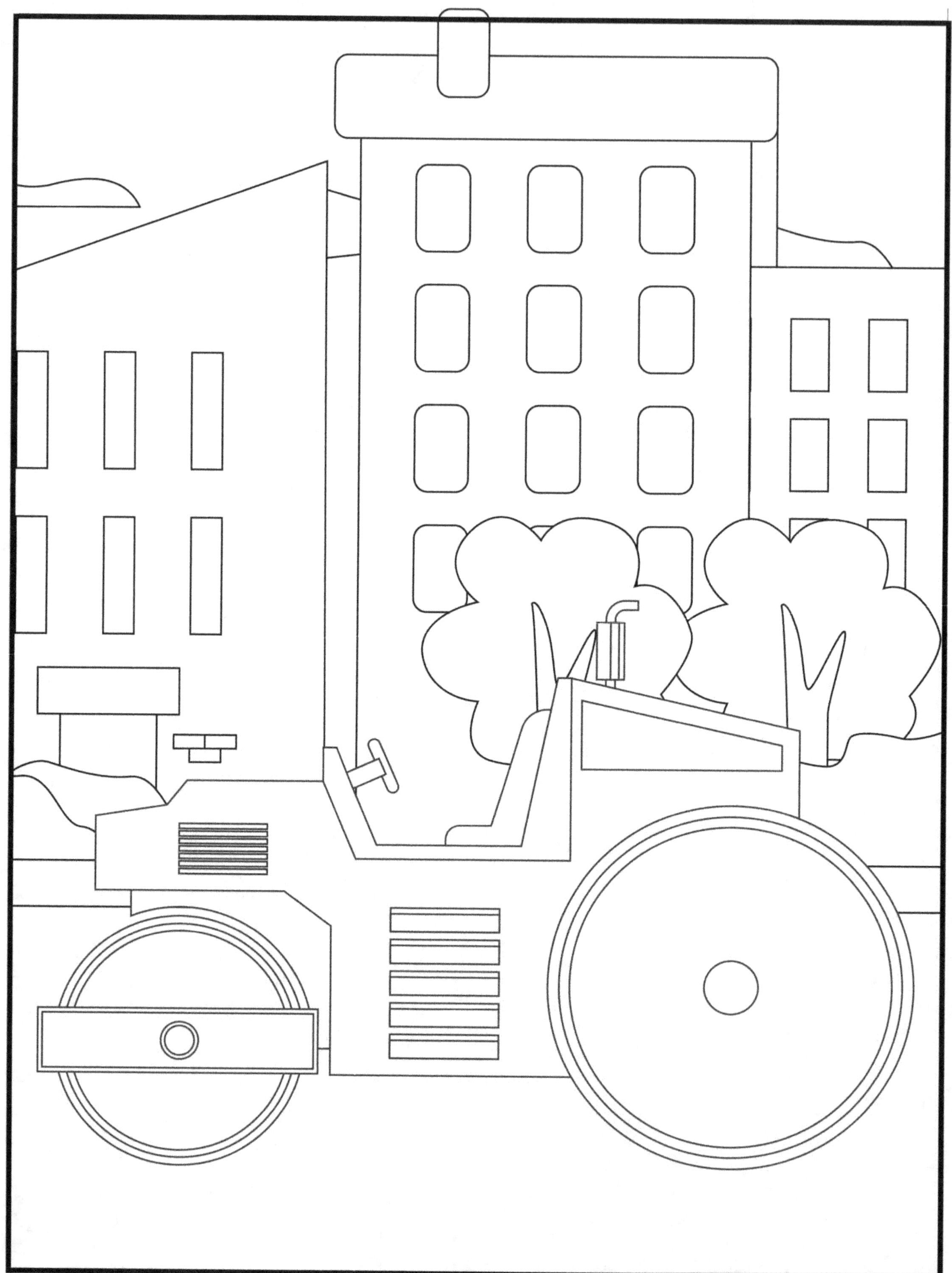

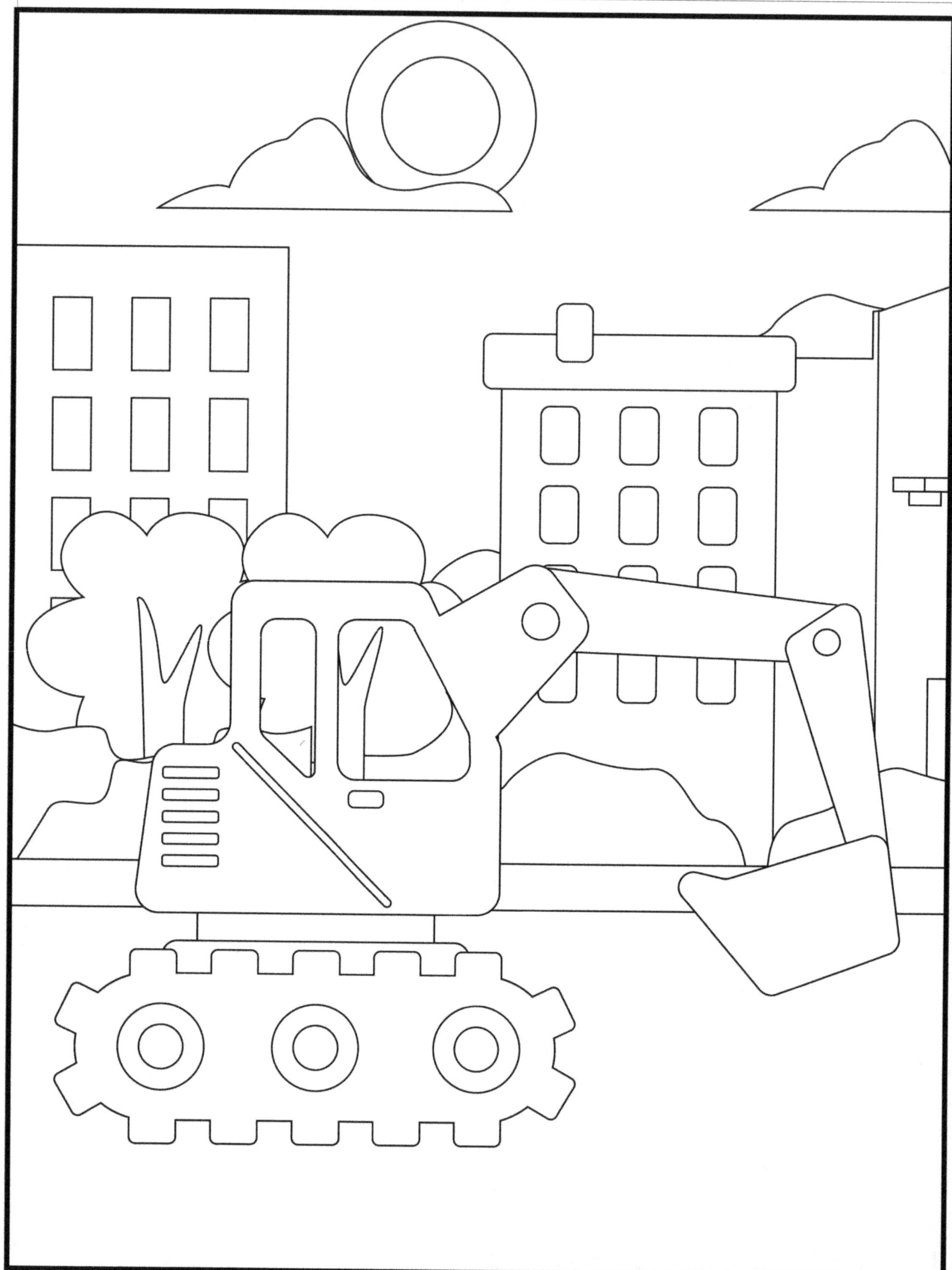

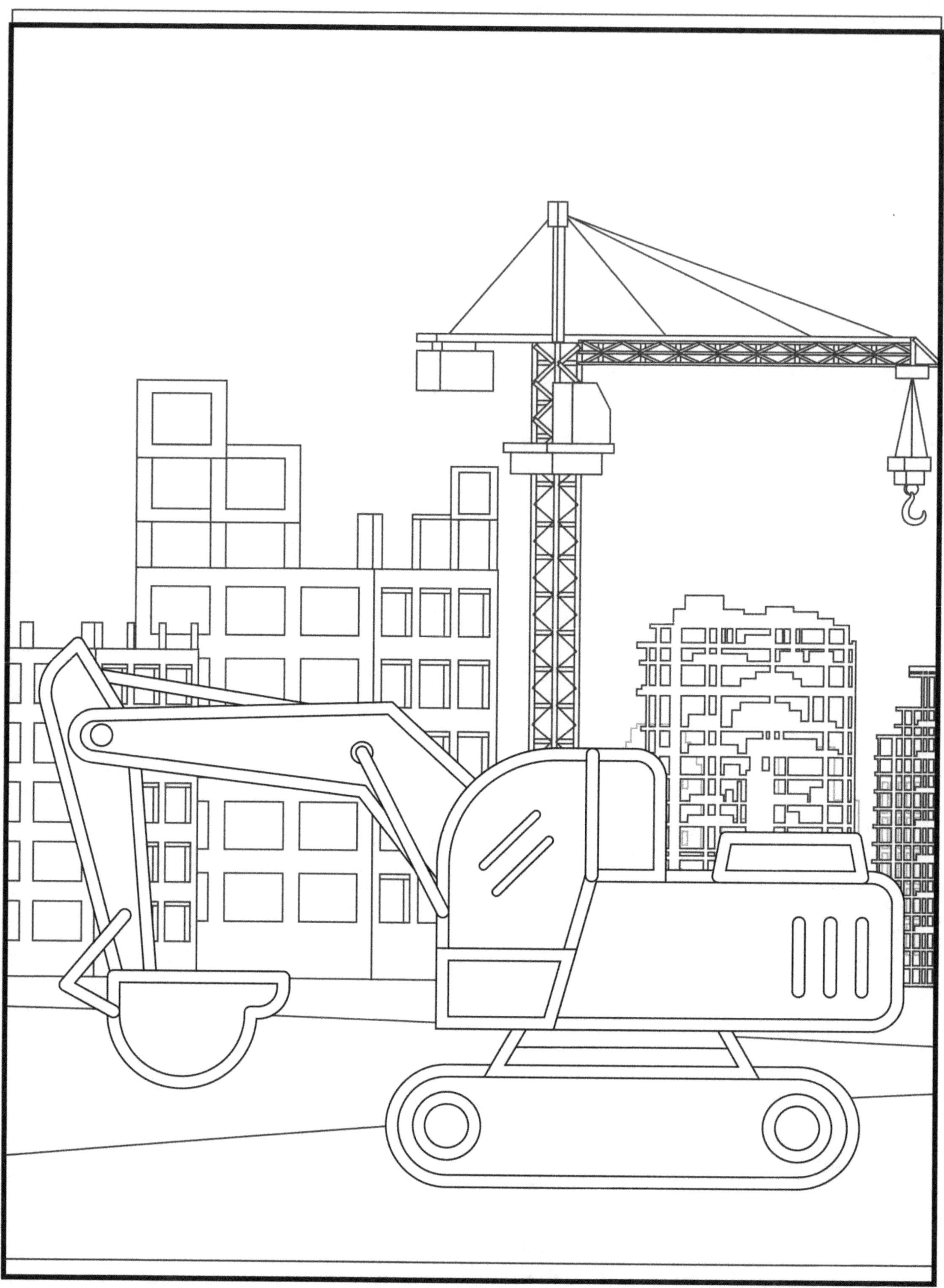

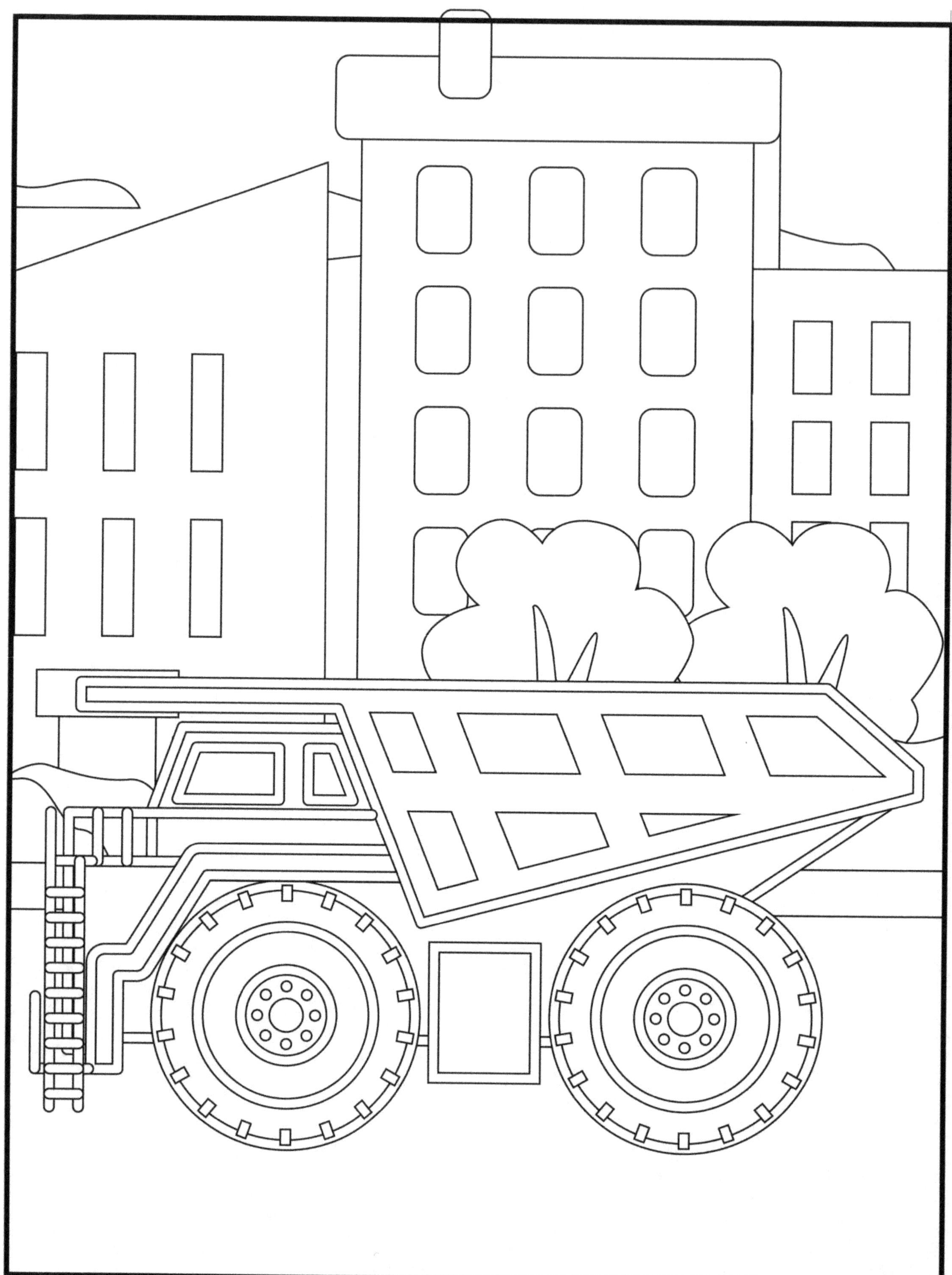

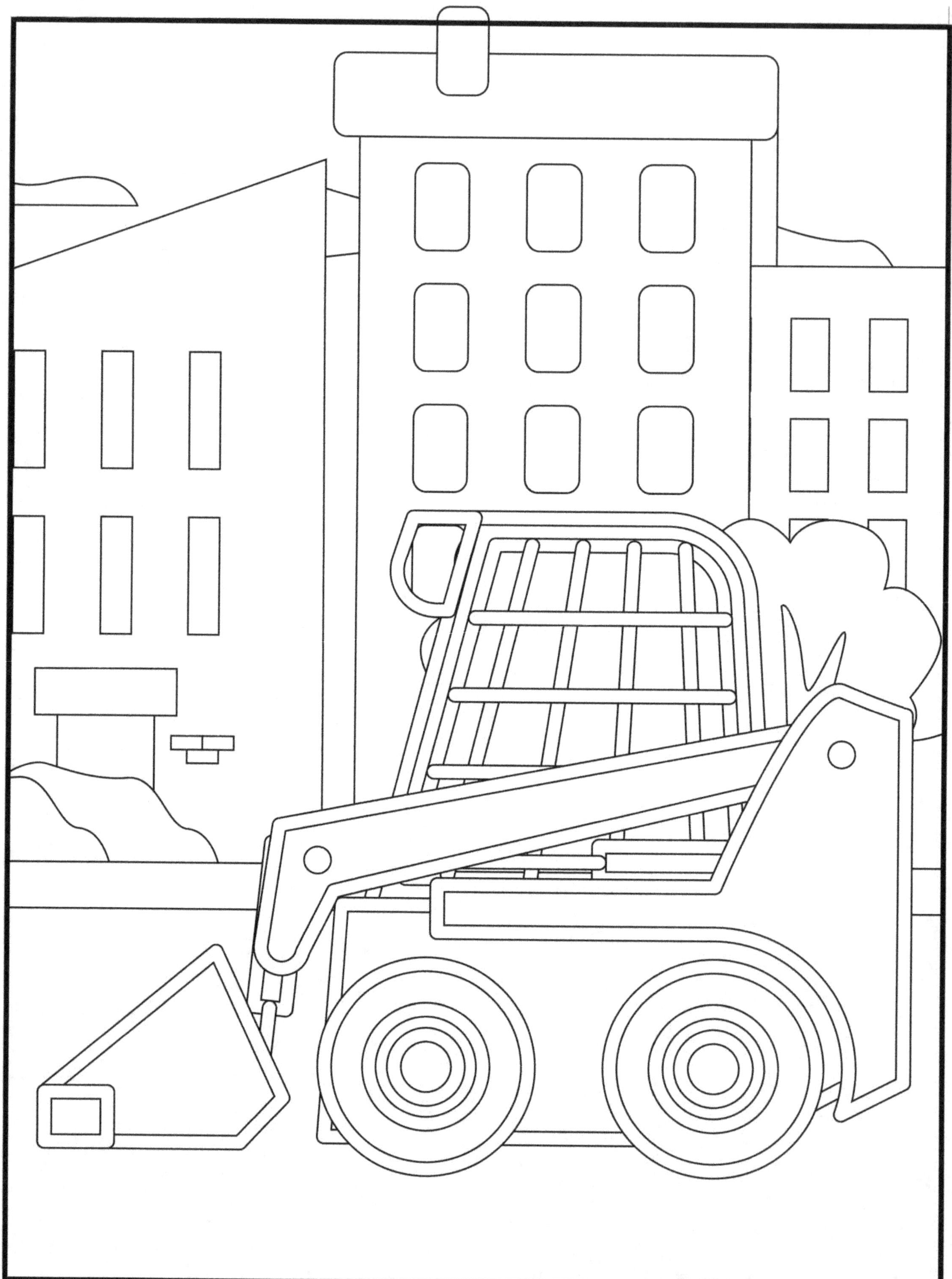

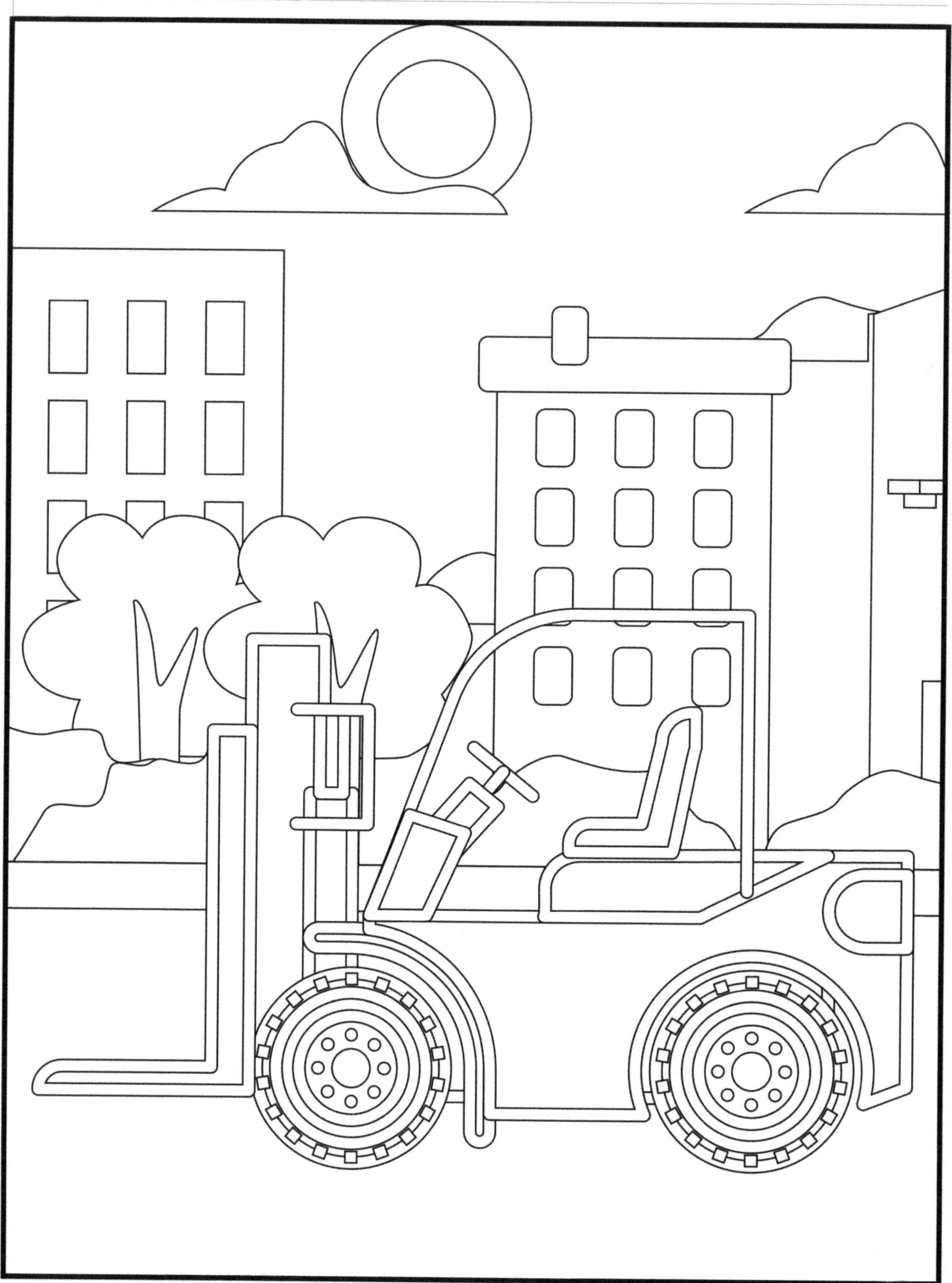

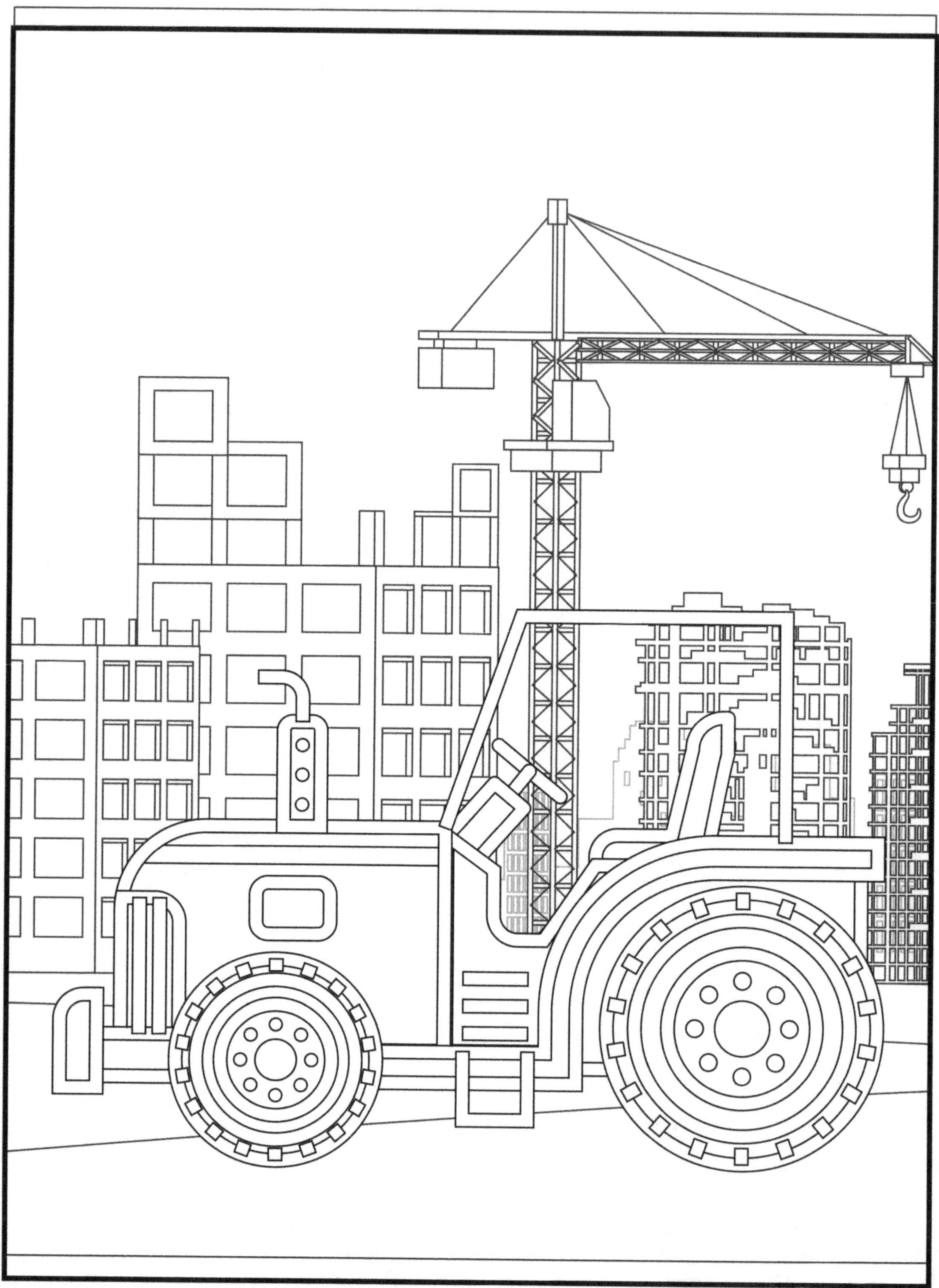

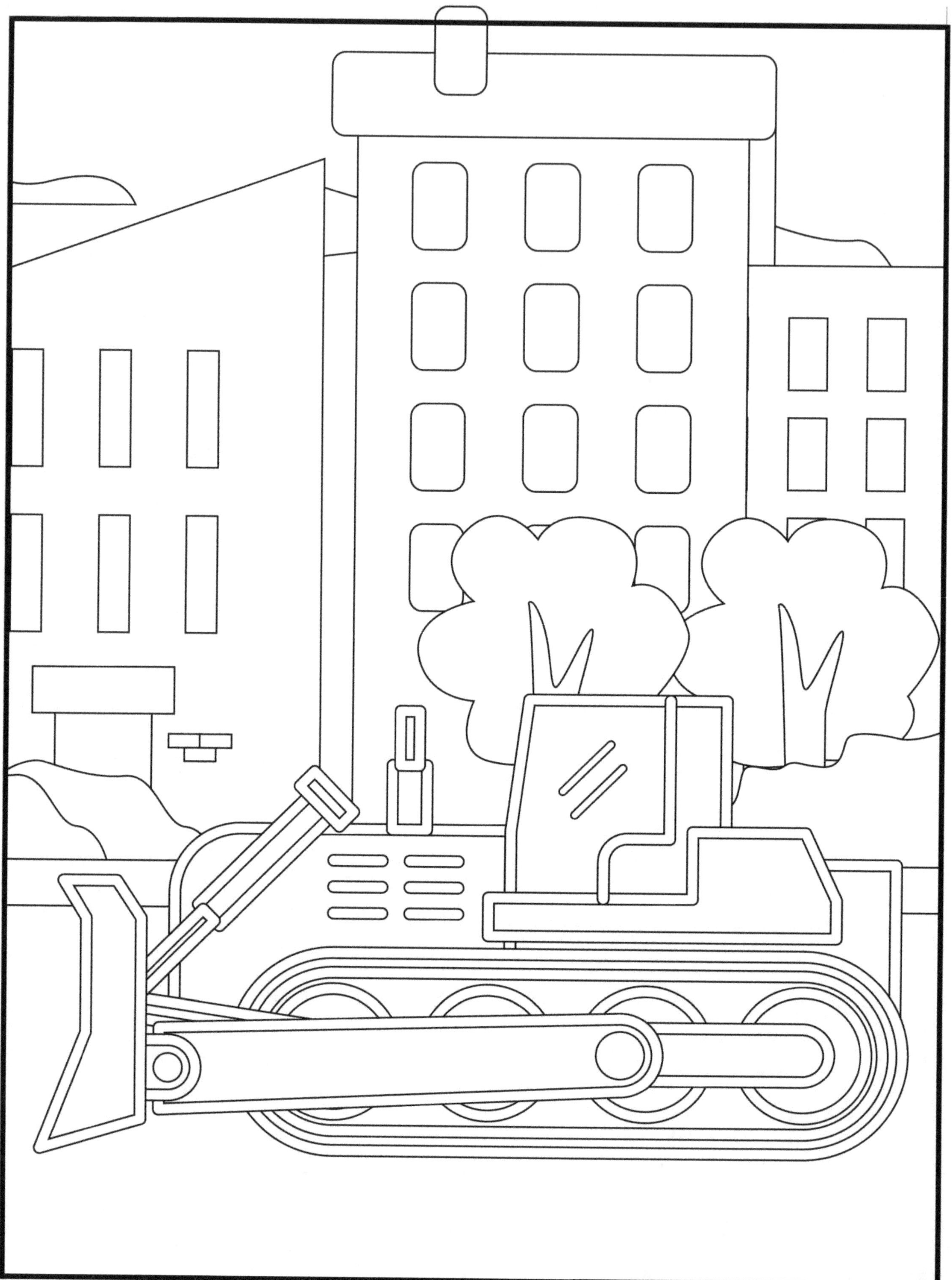

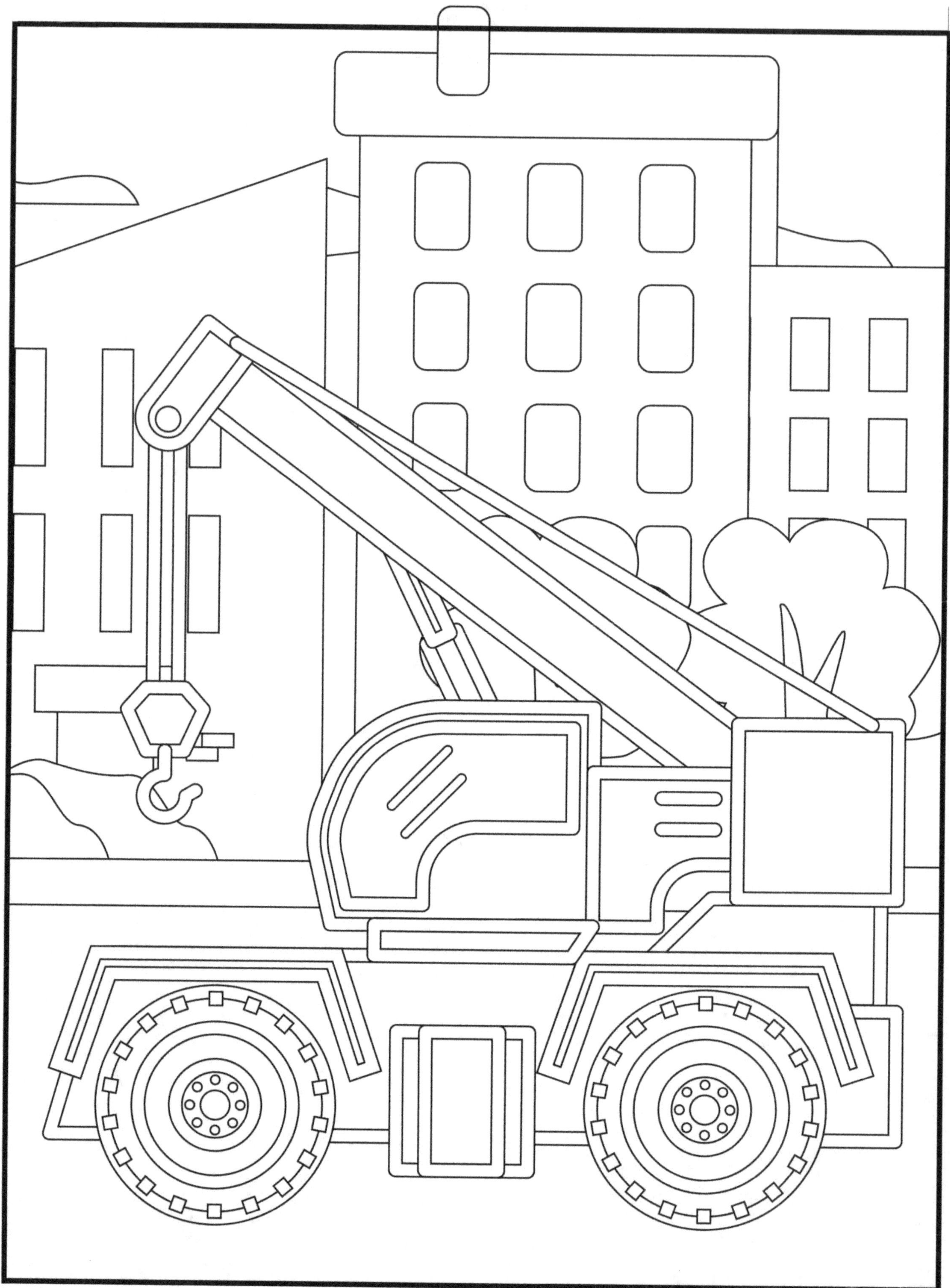

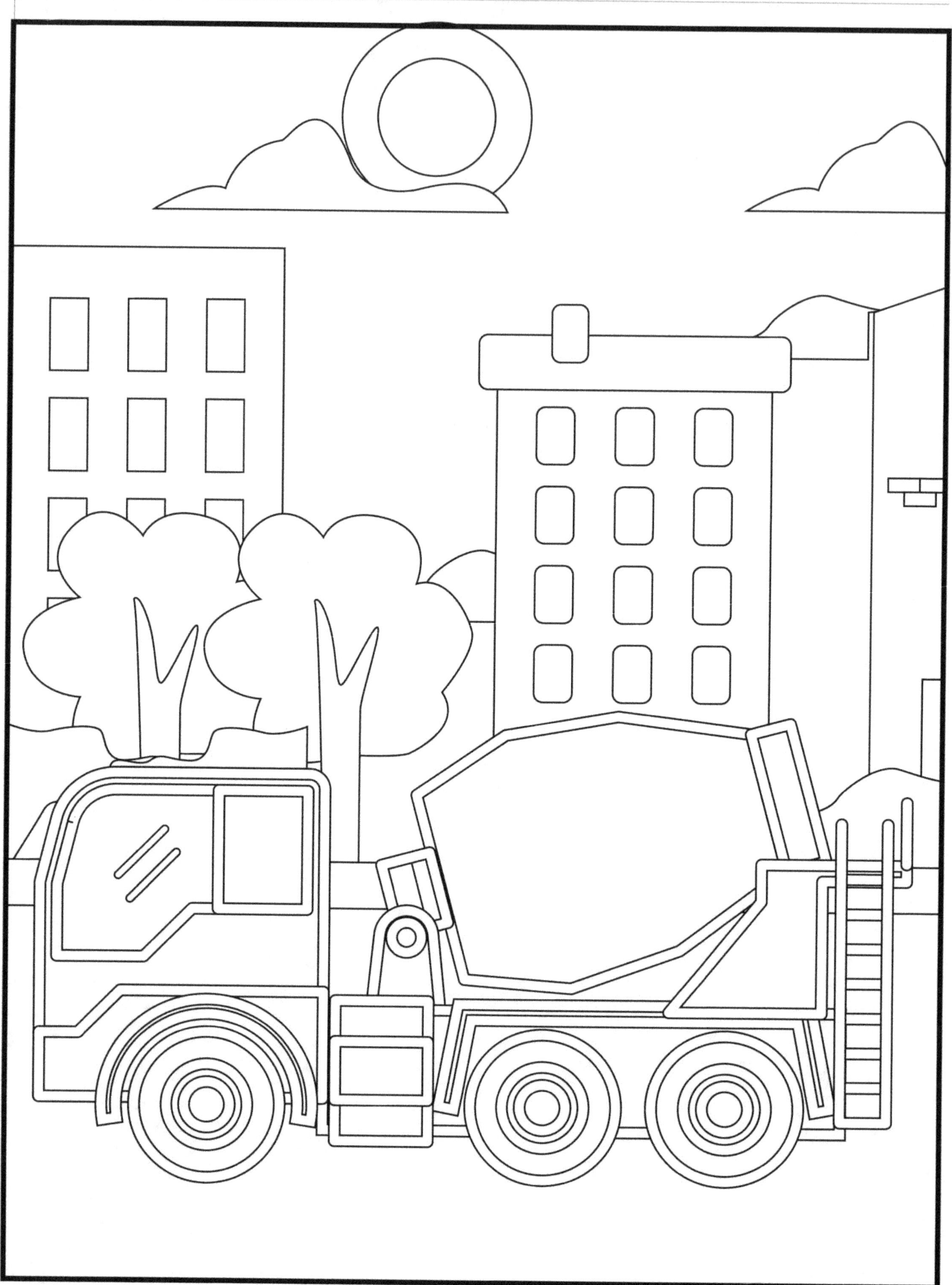

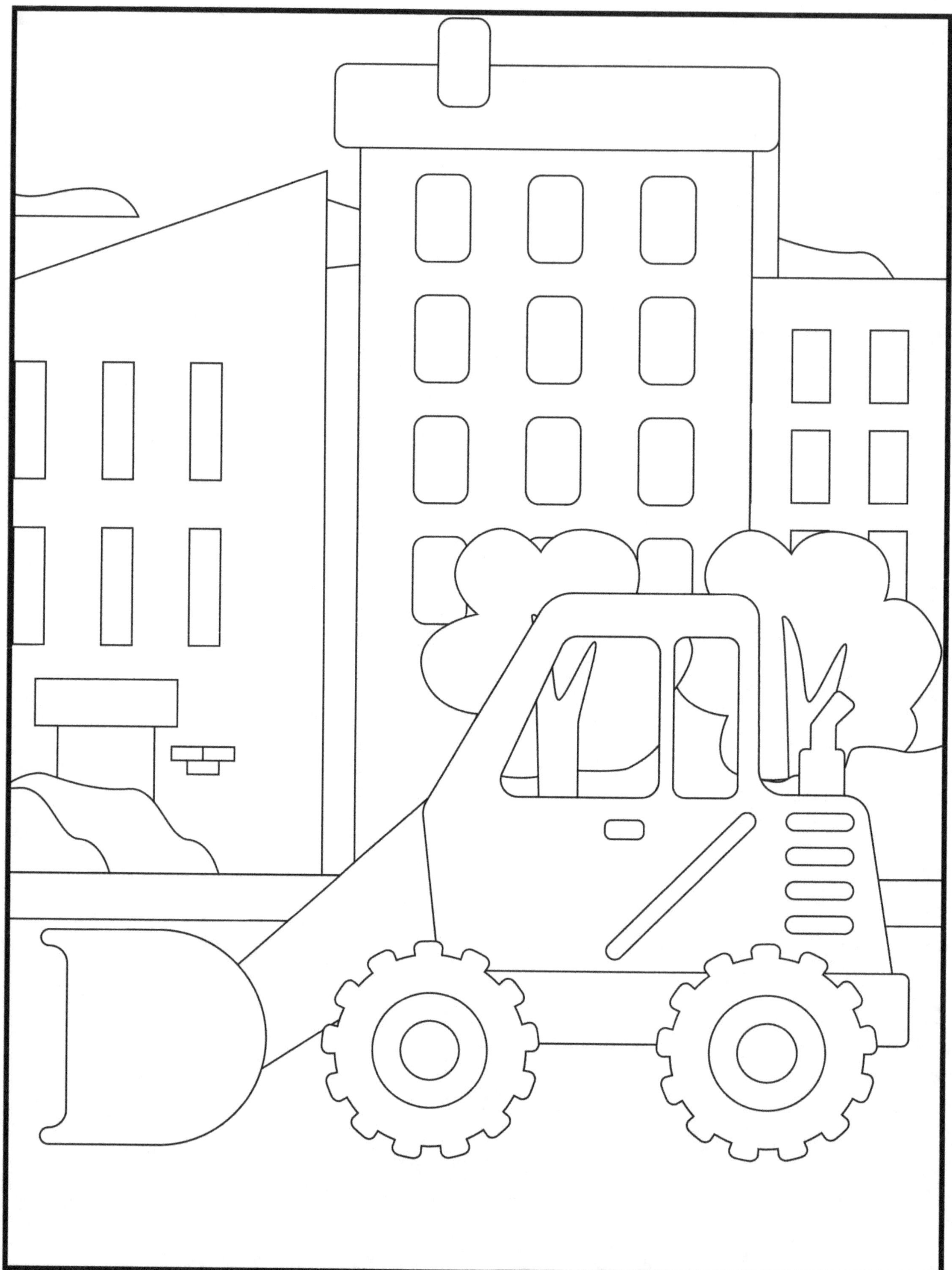